Kerstin Barfknecht

Unternehmenskommunikation heute

Einsatz von Social Media im B2B-Bereich

Barfknecht, Kerstin: Unternehmenskommunikation heute: Einsatz von Social Media im B2B-Bereich, Hamburg, Igel Verlag RWS 2014

Buch-ISBN: 978-3-95485-001-3
PDF-eBook-ISBN: 978-3-95485-501-8
Druck/Herstellung: Igel Verlag RWS, Hamburg, 2014

Bibliografische Information der Deutschen Nationalbibliothek:
Die Deutsche Nationalbibliothek verzeichnet diese Publikation in der Deutschen
Nationalbibliografie; detaillierte bibliografische Daten sind im Internet über
http://dnb.d-nb.de abrufbar.

© Igel Verlag RWS, Imprint der Diplomica Verlag GmbH
Hermannstal 119k, 22119 Hamburg
http://www.diplomica.de, Hamburg 2014
Printed in Germany

Inhaltsverzeichnis

Abbildungsverzeichnis

Tabellenverzeichnis

Abkürzungsverzeichnis

BVDW	=	Bundesverband Digitale Wirtschaft e. V.
B2B	=	Business-to-Business
B2C	=	Business-to-Consumer
CEO	=	Chief Executive Officer
CRM	=	Customer-Relationship-Management
CSR	=	Corporate Social Responsibility
F&E	=	Forschung und Entwicklung
GNU	=	„GNU's Not Unix"
HR	=	Human Resources
IVW	=	Informationsgemeinschaft zur Feststellung der Verbreitung von Werbeträgern e. V.
KAM	=	Key-Account-Management
KPI	=	Key Performance Indicator
LAB	=	Lachner Aden Beyer & Company GmbH
MarCom	=	Marketing-Kommunikation
PR	=	Public Relations
SEM	=	Search Engine Marketing/Suchmaschinenmarketing
SEO	=	Search Engine Optimization/Suchmaschinenoptimierung
SMM	=	Social-Media-Marketing
UCC	=	User Created Content
UGC	=	User-Generated-Content

Vorwort

Das Buch erläutert, welche Möglichkeiten sich Business-to-Business-Unternehmen im Rahmen der Unternehmenskommunikation mit Social Media bieten und wo die Grenzen des Einsatzes liegen. Darüber hinaus werden die Chancen und Risiken, die sich durch die Verwendung von Social Media ergeben, angesprochen und sowohl ausgewählte Aspekte der internen als auch der externen Unternehmenskommunikation berücksichtigt.

Ein Schwerpunkt des Buches liegt hierbei zunächst auf der Betrachtung der Unternehmenskommunikation im B2B-Bereich. Welche Ziele verfolgt die Unternehmenskommunikation im B2B-Bereich und an welche Zielgruppen ist sie gerichtet? Wo liegen die Unterschiede zwischen interner und externer Unternehmenskommunikation? In diesem Zusammenhang werden die Begrifflichkeiten interne und externe Unternehmenskommunikation näher erläutert.

Nachdem dies geklärt ist, wird der Einsatz von Social Media in der Unternehmenskommunikation thematisiert. Dafür erfolgt zunächst eine Definition, was Social Media ist, gefolgt von den grundsätzlichen Bedingungen, wann man Social Media einsetzen kann und darf. Dem folgt eine kurze Übersicht über die häufigsten Social-Media-Anwendungen allgemein und für B2B im Speziellen. Darüber hinaus werden an dieser Stelle die Chancen und Risiken aufgezeigt, die der Einsatz von Social Media in Unternehmen mit sich bringt.

Die besonderen Herausforderungen für Social Media im B2B-Bereich gründen sich auf die Organisationsstruktur von B2B-Unternehmen in Verbindung mit dem Kaufprozess. Hier geht es insbesondere darum zu klären, wie Social Media auf Anwender- und Nutzerseite im B2B eingesetzt werden kann.

Um sich dem Thema in der Praxis zu nähern, wird beispielhaft eine Social-Media-Kampagne mit Fokus auf die externe Unternehmenskommunikation entwickelt. Hierbei werden als zentrale Aspekte zunächst geklärt, welche Ziele das Unternehmen XY mit dem Einsatz von Social Media verfolgt, welche Social-Media-Strategie zur Erreichung der Ziele gewählt wird und welche Mittel dafür eingesetzt werden.

Praxisbeispiele zeigen die individuelle Anwendung von Social Media im unternehmerischen Alltag. Dabei werden drei B2B-Unternehmen aus verschiedenen Branchen präsentiert, die der Herausforderung Social Media in der Unternehmenskommunikation auf unterschiedliche Weise begegnen. Ergänzt werden die Praxisbeispiele durch Experteninterviews aus den ausgewählten Unternehmen.

Abschließend werden zentrale Aspekte und Ergebnisse zusammengefasst und ein Ausblick auf die weitere Entwicklung von Social Media im B2B-Bereich gegeben.

Kerstin Barfknecht

1. Bedeutung des Einsatzes von Social Media für Unternehmen

In einer belgischen Stadt steht, mitten auf einem Platz, ein Podest, auf dem ein roter Button angebracht ist. Darüber weist ein Schild in Pfeilform Passanten darauf hin: „Push to add drama". Sobald ein Passant[1] den Knopf drückt, wird eine Szenerie wie in einem Actionfilm in Gang gesetzt. Die anwesenden Zuschauer sind verwirrt und irritiert. Dann erfolgt die Auflösung per Plakat mit der Aufschrift: „Your daily dose of drama – from 10/04 on Telenet – TNT – We know drama".

Diese Social-Media-Kampagne lief im April 2012 zum Anlass des Sendestarts des Actionsenders TNT in Belgien. Die Kampagne wurde über YouTube.com verbreitet. Bis Ende Mai 2012 lag die Zahl der Zugriffe auf YouTube.com weltweit bereits bei 34 Mio. Views. (vgl. YouTube, 2012)

Diese Kampagne ist ein Beispiel, wie Social Media im Rahmen der Unternehmenskommunikation im Business-to-Consumer-Bereich (B2C) eingesetzt wird und wie sich dort eine Werbebotschaft über einen Social-Media-Kanal viral weiterverbreitet. Noch nie schien es so leicht im B2C-Geschäft, direkt mit den Kunden zu interagieren und auf Augenhöhe zu kommunizieren. Doch wie verhält sich dies im Business-to-Business-Bereich (B2B)? Im Rahmen der Unternehmenskommunikation bietet Social Media neue Möglichkeiten im Dialog mit den verschiedenen Anspruchsgruppen. Allgemein haben sowohl B2C- als auch B2B- Unternehmen mögliche Vorteile von Social Media für die Bereiche Marketing und Vertrieb, Unternehmenskommunikation, Kundenservice und Support sowie als internes Medium zur Mitarbeiterkommunikation und für das Personalwesen erkannt (vgl. Hilker, 2012: 24f.). Laut Hilker sind bereits „60% der Unternehmen (...) in Sozialen Medien präsent" (Hilker, 2012: 22), dies schließt sowohl B2C- als auch B2B-Unternehmen ein.

Vordergründig scheinen Einsatzmöglichkeiten von Social Media jedoch im Endkundengeschäft durch gezielte Kampagnen eher auf der Hand zu liegen als im B2B-Bereich. Während die Wichtigkeit von Social Media im B2C-Markt durch die alltägliche Verwendung von Blogs, Wikis und sozialen Netzwerken bereits etabliert ist, sind für B2B-Unternehmen die Ansatzpunkte für Social Media in ihrer Organisation meist schwerer zu identifizieren. Deshalb verwundert es nicht, dass in einer Umfrage von 2010 lediglich 2% der Befragten die Bedeutung von Social Media im B2B-Bereich mit „sehr wichtig", 36% mit „wichtig", 55% mit „weniger wichtig" und 8% mit „nicht wichtig" angaben (s. Abb. 1). Das Umfrageergebnis zeigt jedoch auch, dass die Befragten mit einem Bedeutungsanstieg von Social Media im B2B-Markt rechnen.

---

[1] Aus Gründen der Lesbarkeit wird im Folgenden die männliche Form benutzt, die weibliche ist damit automatisch impliziert.

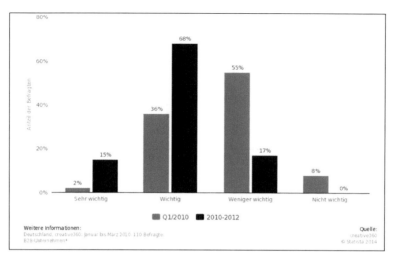

Abbildung 1. Einschätzung der Bedeutung von Social Media und deren Bedeutungs-entwicklung im B2B-Bereich[2]

Eine weitere Statistik von Statista.com (2012) zeigt darüber hinaus, dass sich die Einsatzschwerpunkte im B2B- und B2C-Bereich unterscheiden (s. Abb. 2). Während – wie erwartet – ein hoher Prozentsatz im B2C auf den Einsatz in PR und Werbung entfällt, nutzen im B2B 44% Social Media im Vertrieb (B2C nur 24%) oder mit 21% verstärkt in Forschung und Entwicklung (B2C nur 8%) (s. Abb. 2).

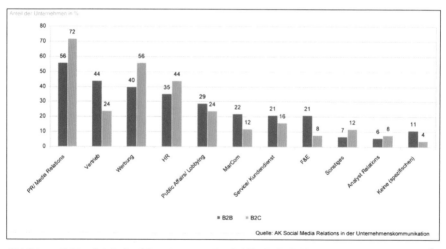

Abbildung 2. Vergleich des Einsatzes von Social Media in B2C- und B2B-Unternehmen[3]
(HR = Human Resources; MarCom = Marketing-Kommunikation; F&E = Forschung und Entwicklung)

---

[2] Entnommen aus: Statista.com (2012a)
[3] Entnommen aus: Statista.com (2012b)

Social Media bietet in der Interaktion mit dem Endkunden viele Möglichkeiten, aber auch Risiken, z. B. bei Produktneuentwicklungen durch Crowdsourcing-Aktionen. Wie sieht es dagegen im B2B-Bereich aus? Wie kann der B2B-Bereich, der einen ganz anderen Kundenkreis besitzt und mit Lieferanten und Buying Centern im Kaufprozess interagieren muss, Social Media einsetzen? Wie gestaltet sich der Social-Media-Einsatz im Rahmen der Mitarbeiterkommunikation?

2. Unternehmenskommunikation im B2B-Bereich

2.1 Abgrenzung des Begriffs *Unternehmenskommunikation*

Ähnlich wie für den Begriff der Kommunikation selbst gibt es in der Wissenschafts-welt verschiedene Ansätze und Theorien, die sich mit der Unternehmenskommunika-tion befassen. Je nach Wissenschaftszweig liegen verschiedene Definitionen des Kommunikationsbegriffs vor, was sich wiederum auf das Verständnis der Unterneh-menskommunikation auswirkt. So haben etwa die Wirtschaftswissenschaften andere Schwerpunkte bei der Begriffsbestimmung als die Kommunikations- und Sozialwis-senschaften. Darüber hinaus sind Begriffsdefinitionen bis zu einem gewissen Grad dem Zeitgeist unterworfen und davon beeinflusst (vgl. Mast, 2010: 10). Dies spiegelt etwa KLAUS MERTENS (1977) Untersuchung des Kommunikationsbegriffs wider. Bei seiner Analyse stößt er auf mehrere hundert Definitionen von Kommunikation und kommt in seiner Begriffsanalyse deshalb zu dem Schluss, dass „keine ange-messene oder wesentliche Definition" (Merten, 1977: 92) existiert. Der Studie wer-den, im Bewusstsein dieser Problematik, aktuelle wirtschaftswissenschaftliche Defini-tionen von ZERFASS und BRUHN zugrunde gelegt.

Im betriebswirtschaftlichen Kontext definiert ANSGAR ZERFASS (2007: 23) den Be-griff aktuell wie folgt:

> Als Unternehmenskommunikation bezeichnet man alle Kommunikationspro-zesse, mit denen ein Beitrag zur Aufgabendefinition und -erfüllung in gewinn-orientierten Wirtschaftseinheiten geleistet wird und die insbesondere zur inter-nen und externen Handlungskoordination sowie Interessenklärung zwischen Unternehmen und ihren Bezugsgruppen (Stakeholdern) beitragen. (...) (Zer-faß, 2007:23)

Ebenfalls in diesem Zusammenhang stellt MANFRED BRUHN (1995: 12) Unterneh-menskommunikation dar als „Gesamtheit sämtlicher Kommunikationsinstrumente und -maßnahmen eines Unternehmens, die eingesetzt werden, um das Unterneh-men und seine Leistungen in den relevanten internen und externen Zielgruppen der Kommunikation darzustellen." Er schafft damit die Grundlage für seine weiterführen-de Theorie der „Integrierten Unternehmenskommunikation" (Bruhn, 2009: 22), die aufgrund gesellschaftlicher und wirtschaftlicher Entwicklungen (z. B. Sättigung der Märkte, Veränderung der Medienlandschaft, Reizüberflutung und Reaktanzeffekte bei den Konsumenten, steigende Bedeutung der Beziehung zu wichtigen Zielgrup-pen) notwendig wird (vgl. Bruhn, 2006: 24 f.). Er definiert wie folgt:

> *Integrierte Kommunikation* ist ein strategischer und operativer Prozess der Analyse, Planung, Organisation, Durchführung und Kontrolle, der darauf aus-gerichtet ist, aus den differenzierten Quellen der internen und externen Kom-munikation von Unternehmen eine Einheit herzustellen, um ein für die Ziel-gruppen der Kommunikation konsistentes Erscheinungsbild des Unterneh-mens bzw. eines Bezugsobjektes der Kommunikation zu vermitteln. (Bruhn, 2009:22)

Ein wichtiger Aspekte für die „Integrierte Unternehmenskommunikation" ist dabei „ein inhaltlich, formal und zeitlich einheitliches Erscheinungsbild" (Mast, 2010: 45), was BRUHN hier allgemeiner als „konsistentes Erscheinungsbild"[4] beschreibt, das sowohl intern als auch extern kommuniziert wird. Um diese Konsistenz zu erlangen, spielt der Begriff „Corporate Identity" (Mast, 2010: 46) eine wichtige Rolle, der Unternehmensaspekte wie „Corporate Design", „Corporate Behavior" und „Corporate Culture" umfasst und damit die Unternehmensidentität begründet. Die „Corporate Identity" wird mithilfe der Unternehmenskommunikation sowohl an die internen Bezugsgruppen (Mitarbeiter) als auch die externen Anspruchsgruppen (Stakeholder) weitergegeben und bewirkt ein „Corporate Image" (Mast, 2010: 46), wodurch sich „ein Unternehmen strategisch positionieren und dies letztlich als Wettbewerbsvorteil im Kommunikationswettbewerb nutzen [kann]" (Mast 2010: 45). (vgl. Mast, 2010: 45ff.)

Der Begriff *Unternehmenskommunikation* umfasst neben der internen (= Mitarbeiterkommunikation) die externe Kommunikation, die sich wiederum in die Teilbereiche Marktkommunikation und Public Relations untergliedern lässt. Ausgangspunkt für die Maßnahmen der einzelnen Bereiche der Unternehmenskommunikation bildet die Unternehmensstrategie (s. Abb. 3). (vgl. Mast, 2010: 12ff.; Zerfaß, 2007: 41)

Abbildung 3. Unternehmenskommunikation und ihre verschiedenen Aspekte im Überblick[5]

Abbildung 3 stellt zum besseren Verständnis innerhalb der externen Kommunikation Marktkommunikation und Public Relations als gleichwertige Bereiche dar und folgt in diesem Punkt der Auffassung von Unternehmenskommunikation in den Kommunikationswissenschaften. Die Darstellung macht die Bedeutung der Public Relations für die Unternehmenskommunikation deutlich. Im Marketing selbst sind die Public Relations ein der Kommunikationspolitik zugeordnetes Instrument des Marketing-Mixes

---

[4] Eine ausführlichere Begriffsabgrenzung mit den Schwerpunkten der *Inhaltlichen, Formalen* und *Zeitlichen Integration* findet sich bei BRUHN (2006: 101ff.).
[5] Eigene Darstellung nach : Zerfaß, 2007: 41; Mast et al. (2005): 37

und werden damit formal der Marktkommunikation untergeordnet (vgl. Meffert et al., 2008: 62ff.; Homburg/Krohmer, 2009: 794ff.). Die weiteren Darstellungen folgen dieser Zuordnung aus Marketingsicht, vernachlässigen jedoch nicht die Bedeutung der Public Relations in Bezug auf die Unternehmenskommunikation.

Tabelle 1 zeigt abschließend einen Überblick über die gängigen Instrumente der internen und externen Unternehmenskommunikation.

Tabelle 1. Überblick über die gängigen Instrumente der internen und externen Unternehmenskommunikation (vgl. Homburg/Krohmer, 2009: 765ff.; Mast, 2010: 260ff. & 314ff.; Hillmann, 2011; 19ff.; Einwiller et al., 2008: 238ff.)

	Instrumente der externen Kommunikation	Instrumente der internen Kommunikation
Maßnahmen Verkaufsförderung	Mediawerbung • *Printwerbung in Zeitungen, Fach- und Publikumszeitschriften* • *Fernseh- und Kinowerbung* • *Radiowerbung* • *Außenwerbung* • *Online-Werbung*	Instrumente der Abwärtskommunikation • *Mitarbeiterzeitung* • *Schwarzes Brett* • *Druckschriften (z. B. Rundschreiben, Mitteilungen etc.)* • *Newsletter* • *Mitarbeiter-Blog* • *Firmen-Netzwerke (z. B. Yammer als soziales Netzwerk für den Arbeitsplatz)* • *Business-TV, Video-Podcasts* • *Business-Radio, Audio-Podcasts* • *Business-Theater* • *Betriebsversammlung* • *Firmenevent* • *Mitarbeitergespräch*
	Direktmarketing • *Mailings* • *Newsletter*	
	Mobile Marketing	
	Verkaufsförderung	
	Sponsoring, Messen, Events, Product Placement	
	Öffentlichkeitsarbeit/Public Relations • *Fachartikel* • *Interviews und Fachgespräche* • *Pressekonferenz* • *Pressemappen* • *Pressemitteilungen* • *Social-Media-Newsrooms* • *Soziale Netzwerke*	Instrumente der Aufwärtskommunikation • *Mitarbeiterbefragung* • *Vorgesetztenbeurteilung* • *Betriebliches Vorschlagswesen* • *Beschwerdemanagement*
	Corporate Publishing • *Kundenzeitschriften* • *Imagebroschüren* • *Geschäftsberichte* • *Corporate-Books* • *Websites* • *Corporate-Blogs* • *Podcasts* • *Corporate-TV* • *Soziale Netzwerke*	Instrumente der Horizontalkommunikation • *Intranet* • *Mitarbeiterblog* • *Firmen-Netzwerk* • *Elektronische Textkommunikation (E-Mail, Chat)* • *Gruppengespräche* • *(Video-)Konferenzen* • *Management by Walking around* • *Informelle Gespräche*

2.2 Anspruchsgruppen und Ziele

Auch wenn, wie unter Punkt 2.1 dargestellt, eine alleinige, allgemeingültige Definition der Unternehmenskommunikation schwer möglich ist, hat die Unternehmenskommunikation übergreifend das **Oberziel**, bei den wichtigsten Anspruchsgruppen des Unternehmens – basierend auf der Corporate Identity – ein Corporate Image aufzubauen, auf dessen Basis sich bestimmte Erwartungen an das Unternehmen knüpfen. Diese Erwartungen und das Erfüllen dieser Erwartungen (z. B. Qualitätserwartung) begründet langfristig die Reputation eines Unternehmens und ist ein wesentlicher Grund dafür, dass Kunden ein Unternehmen bei ihrer Kaufentscheidung einem anderen Mitbewerber vorziehen. Als Schlüsselbegriffe sind in diesem Kontext Glaubwürdigkeit und Vertrauen zu nennen. (vgl. Mast, 2010: 54f.; Hillmann, 2011: 15)

Im Rahmen der Unternehmensbeziehungen mit den Anspruchsgruppen dient die Unternehmenskommunikation ferner dem Ziel, die aus diesen Beziehungen „entstehenden Potentiale und Konflikte kommunikativ zu bewältigen und die gesellschaftliche Bedeutung des Unternehmens zu vermitteln" (Schmid/Lyczek, 2008: 26). Die Unternehmensstrategie bildet den Kernpunkt, von dem aus die Maßnahmen der Unternehmenskommunikation abgeleitet werden. Gleichzeitig wiederum dienen sie der Umsetzung der Unternehmensstrategie (vgl. Zerfaß, 2007: 41), wodurch sich der Kreis schließt.

Abbildung 4 zeigt einen Überblick über die externen und internen Anspruchsgruppen von Unternehmen in der Unternehmensumwelt.

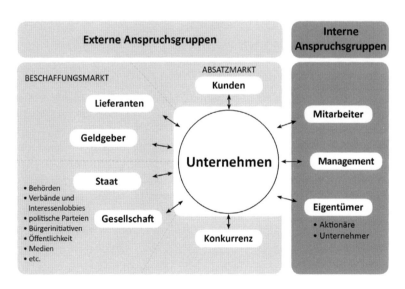

Abbildung 4. Überblick über interne und externe Anspruchsgruppen von Unternehmen[6]

---

[6] Eigene Darstellung nach: Meffert et al.,2008: 45; Gabler Wirtschaftslexikon (2012); (Darstellungsform in Anlehnung an: http://de.wikipedia.org/wiki/Stakeholder (30.06.012; 16:22 Uhr))

In diesem Zusammenhang soll kurz auf die Abgrenzung zwischen Zielgruppe und Anspruchsgruppe eingegangen werden, um eine bessere Verständnisgrundlage im Fortgang der Untersuchung zu schaffen. Unter einer Anspruchsgruppe bzw. Stakeholdern (manchmal auch als Bezugsgruppen bezeichnet) versteht man „eine Teilmenge von Gruppen [...], zu denen das Unternehmen gewisse Abhängigkeiten im Sinne von Leistung und Gegenleistung aufweist." (Bruhn, 2010a: 203). Abbildung 4 zeigt mögliche Anspruchsgruppen für ein Unternehmen, wie etwa Kunden, Mitarbeiter, Eigentümer, Lieferanten, Geldgeber, Staat und Gesellschaft aber auch Mitbewerber. Letztere haben aufgrund ihrer unternehmerischen Tätigkeiten im gleichen Marktumfeld beispielsweise den Anspruch auf die Einhaltung der Marktspielregeln (vgl. Gabler Wirtschaftslexikon, 2012). Zielgruppen werden häufig im Rahmen der Kommunikationspolitik als Teilmenge aus den Anspruchsgruppen gebildet. Hauptmerkmal der Zielgruppe ist das gemeinsame „Kernmotiv" (Bruhn, 2010a: 203), über das alle Angehörigen einer Zielgruppe verfügen. Dies ermöglicht es dem Unternehmen, die Zielgruppe mithilfe der ausgewählten Kommunikationsmaßnahmen gezielt anzusprechen (vgl. Bruhn, 2010a: 203).

Ein Unternehmen muss deshalb, um am Markt erfolgreich sein zu können, seine wichtigsten Anspruchsgruppen und deren Bedürfnisse kennen (vgl. Hillmann, 2011: 15). Neben den Kunden, die durch ihre Kaufentscheidungen – unabhängig davon ob im B2B- oder B2C-Bereich – das Überleben eines Unternehmens sichern, und damit zu den wichtigsten Anspruchsgruppen zählen, sind dazu noch Lieferanten und Mitarbeiter zu zählen, die durch ihre Leistungserbringung zum Unternehmenserfolg beitragen. Darüber hinaus spielen Mitarbeiter durch ihren Umgang mit Kunden und durch ihr Verhalten allgemein eine wichtige Rolle als Promotoren für das Unternehmen und dessen Image. Dies ist u. a. hinsichtlich eines erfolgreiches *Employer Brandings*[7] und für das Recruiting potenzieller Mitarbeiter[8] zur langfristigen Sicherung der Unternehmenspotenziale wichtig. (vgl. Hillmann, 2011: 14f.)

Darüber hinaus tragen Geldgeber gewisse Ansprüche an das Unternehmen heran und sind auf entsprechenden Umsatz und Gewinnerreichung bedacht, während das Unternehmen sich gegenüber der Öffentlichkeit und des Staates beispielsweise bezüglich der Interessen des Gemeinwohls verantworten muss (vgl. Hillmann, 2011: 14f.). Unter dem Aspekt der *Corporate Social Responsibility* (CSR) stellt sich ein Unternehmen seiner gesellschaftlichen, ökologischen und ökonomischen Verantwortung und steht für die Folgen, die aus seinem unternehmerischen Handeln entstehen, ein. Ein Unternehmen befindet sich damit immer in einem Spannungsfeld verschiedener Gruppen, deren Bedürfnisse, Ansprüche und Erwartungen bedacht werden müssen.

Die am Anfang des Punktes 2.2 genannten Oberziele gliedern sich wiederum auf in Teilziele. Die **Ziele der Mitarbeiterkommunikation** etwa umfassen, basierend auf

---

[7] Unter *Employer Branding* versteht man die „Positionierung und Vermarktung des Unternehmens als attraktiver Arbeitgeber" (Geiger et al., 2011: 327).
[8] Die Gruppe der potenziellen Mitarbeiter wurde in den Anspruchsgruppen in Abbildung 4 nicht berücksichtigt, wäre aber dem Beschaffungsmarkt zuzuordnen.

dem Oberziel der Unternehmenskommunikation, sämtliche Maßnahmen, die die „Umsetzung von Vision, Mission, Zielen und Strategien im Unternehmen" (Schick, 2010: 9) selbst unterstützen. Die Kommunikation dient dazu, im Rahmen der Wertschöpfung eines Unternehmens, die gemeinsame, Leistungserstellung sowie interne Prozesse zu optimieren und beschäftigt sich dabei mit den Mitarbeitern und ihren Anliegen. Essentiell hierfür ist der Austausch wichtiger Informationen untereinander, um damit betriebliche Abläufe besser koordinieren zu können. Ein häufig unterschätzter Aspekt der Mitarbeiterkommunikation ist die Vermittlung der unternehmenseigenen Werte, die zum Aufbau bzw. zur Stärkung der Unternehmenskultur einen wesentlichen Beitrag leisten. Eine weitere Aufgabe der Mitarbeiterkommunikation ist es, die Identifikation des Mitarbeiters mit dem Unternehmen zu etablieren oder zu festigen. Dadurch kann langfristig eine loyale Bindung zum Unternehmen entstehen. Der Mitarbeiter wird damit zum idealen Unternehmensbotschafter und vertritt die Unternehmensreputation sowie das Unternehmensimage nach außen. Fundamental für die Entwicklung des Loyalitätsgefühls ist wiederum die Förderung der Motivation und des Engagements der Mitarbeiter durch offene Kommunikation. Hauptzielgruppe der internen Kommunikation sind, wie in diesem Abschnitt deutlich wird, die Mitarbeiter. Interne Kommunikation ist jedoch gleichzeitig eine Führungsfunktion, da die oben genannten Aspekte der Mitarbeiterkommunikation auch mit dem wahrgenommenen Verhalten der Führungskräfte und dem allgemeinen Verhalten innerhalb der Organisation in Zusammenhang stehen. Damit sind auch das Management und die Eigentümer Teil der internen Kommunikation. (vgl. Einwiller et al, 2008: 226ff.; Mast, 2010: 13; Zerfaß, 2007: 41; Gabler Wirtschaftslexikon, 2012a)

Ziel der Marktkommunikation ist die Anbahnung von Verträgen oder deren Verhinderung, um Produkte und Ressourcen anzukaufen oder zu verkaufen. Die Marktkommunikation orientiert sich damit primär an den Anspruchsgruppen, die von den Transaktionen am Markt betroffen sind. Die Zielgruppen der Marktkommunikation umfassen damit (potentielle) Kunden[9], den Handel, (potentielle) Lieferanten, Geldgeber und potentielle Mitarbeiter. (vgl. Mast, 2010: 13; Zerfaß, 2007: 41)

Die **Ziele der Public Relations** liegen in der Rechtfertigung eines Unternehmens für sein Handeln und damit gleichzeitig in der „Sicherung der Handlungsspielräume" (Zerfaß, 2007: 41) – insbesondere im sozialen, politischen und gesellschaftlichen Umfeld. Die Maßnahmen der Unternehmenskommunikation dienen zum einen der Pflege des Unternehmensimages, zum anderen des Beziehungsmanagements zu den externen Anspruchsgruppen. Die Kommunikationsmaßnahmen zielen deshalb primär auf Staat und Gesellschaft, insbesondere auf die Medien, politische Parteien und die Öffentlichkeit. Im Kontext der Reputation des Unternehmens sind jedoch auch die Kunden, Aktionäre und Geldgeber nicht zu vernachlässigen. (vgl. Mast, 2010: 14f.; Zerfaß, 2007: 41; Bentele/Will, 2008: 164ff.)

---

[9] Im B2B-Bereich sind die Kunden im Gegensatz zum Konsumgütermarkt häufig Organisationen. (vgl. Bruhn, 2010: 6)

2.3 Besonderheiten der Unternehmenskommunikation im B2B

Die Unternehmenskommunikation steht im B2B teils anderen Herausforderungen gegenüber als im B2C. Diese kommen in der internen Kommunikation weniger stark zum Tragen als in der externen Kommunikation. Zunächst wird ausführlich auf die allgemeinen Rahmenbedingungen der externen Unternehmenskommunikation eingegangen, um dann die Herausforderung im B2B-Bereich in der Kommunikation mit Organisationen näher zu beleuchten.

2.3.1 Allgemeine Rahmenbedingungen

Aktuelle Entwicklungen in der Unternehmensumwelt haben Auswirkungen auf die Unternehmenskommunikation. Einer der aktuell wichtigsten Einflüsse auf die Unternehmenskommunikation stellen derzeit die sozialen Medien dar, die im Geschäftsumfeld als externer Faktor die Kommunikation grundlegend verändern. Dieser Aspekt wird in Kapitel 3 gesondert betrachtet. Weitere bedeutsame Faktoren, die Einfluss auf die Unternehmenskommunikation nehmen, sind:

- die Informationsüberlastung,
- die Dominanz der Bildkommunikation,
- das Involvement der Zielgruppe,
- die steigende Marktsättigung,
- die Austauschbarkeit von Produkten und Werbung,
- eine verstärkte Marktdifferenzierung und
- der Wertewandel in der Gesellschaft.

Während die Unternehmen bei der Wahl der Kommunikationsmittel und -plattformen vor die Herausforderung gestellt werden, sich aus einer steigenden Vielzahl von Kommunikationsmedien und -kanälen für die am besten geeignete Kombination zu entscheiden, zeigt sich bei den Adressaten eine steigende **Informationsüberlastung**. Dieses Phänomen tritt sowohl im Privat- als auch im Geschäftsleben auf. Das Informationsangebot steigt durch die neuen Kommunikationskanäle stetig an. Im Gegensatz dazu nutzt der Mensch zum Problemlösen jedoch nur eine relativ kleine Menge an Informationen und greift auf bereits vorhandenes Wissen zurück. Damit wird die Entscheidungsfindung vereinfacht und beschleunigt. Mitarbeiter sind in ihrer Arbeit täglich mit einer hohen Anzahl von E-Mails, Briefen und Faxen – teilweise mit reinen Werbeinhalten – konfrontiert. Dazu kommen noch interne Mitteilungen und Schreiben sowie Fachpublikationen. Unternehmen müssen darauf reagieren und die Werbebotschaften entsprechend verändern, indem sie sich auf die Kernaussagen beschränken und damit die Informationsaufnahme für die Adressaten vereinfachen. (vgl. Rumler, 2002: 256f.; Berndt, 2004: 302; Esch et al., 221f.; Kroeber-Riel/Esch, 2011: 19ff.)

Als Folge aus der Informationsüberlastung werden in der Unternehmenskommunikation verstärkt Bilder eingesetzt, um über die **Bildkommunikation** (z. B. Fotos, Grafiken, Zeichnungen, Piktogramme etc.) die Aufmerksamkeit der Konsumenten zu erregen und Informationen einfacher zu vermitteln. Dies zeigt sich zunehmend auch im B2B-Bereich (vgl. Rumler, 2002: 257). Bildinformationen können verglichen mit Sprachinformationen leichter verarbeitet und behalten werden, was einen wesentlichen Grund für die ansteigende Verwendung von Bildern darstellt. Darüber hinaus setzt die Bildkommunikation grundsätzlich ein geringeres Involvement voraus. Die Verarbeitung von Bildern kann auch in einem Low-Involvement-Zustand[10] ablaufen und verlangt einen geringeren Energieeinsatz, was die Entstehung produktbezogener Emotionen erleichtert (vgl. Trommsdorff 2009: 68ff.).[11] (vgl. Trommsdorff 2009: 68ff.; Rumler, 2002: 257; Berndt, 2004: 302f.; Kroeber-Riel/Esch, 2011: 23ff.)

Das **Involvement** der Zielgruppe spielt eine entscheidende Rolle, da es die Wirksamkeit von Werbemaßnahmen beeinflusst und Auswirkungen auf den notwendigen Aufwand für Kommunikationsmaßnahmen hat, um die Aufmerksamkeit und das Interesse der Adressaten zu gewinnen. Involvement „bezeichnet die Ich-Beteiligung, das innere Engagement, mit dem sich ein Individuum einem Sachverhalt oder einer Aufgabe widmet." (Foscht/Swoboda: 2011: 137). Ein niedriges Involvement der Zielgruppe bedeutet, dass sich die Adressaten nicht oder wenig für die Botschaften der Unternehmenskommunikation (z. B. Produktinformationen für Kunden, internes Memo über personelle Veränderungen für Mitarbeiter) interessieren. Im Geschäftsleben spielt hier häufig auch der Zeitmangel eine entscheidende Rolle, der eine intensive Auseinandersetzung beispielsweise mit Produktinformationen erschwert. BERNDT (2004: 302) sieht das Low-Involvement vieler Zielgruppen auch als Resultat der Informationsüberlastung und einer steigenden Marktsättigung. (vgl. Berndt, 2004: 302)

Ein weiterer wichtiger Einflussfaktor sind die **gesättigten Märkte**, in denen ein starker Wettbewerb vorherrschend ist. Umsatzsteigerung können die Unternehmen nicht mehr durch Marktausweitungen, sondern nur durch Zugewinn von Marktanteilen auf Kosten der Wettbewerber erzielen (Verdrängungswettbewerb). Zum einen hat dies zur Konsequenz, dass kommunikationspolitische Maßnahmen immer stärker an Bedeutung gewinnen, um sich als Unternehmen die Aufmerksamkeit des Konsumenten zu sichern und als Teil des „Awareness Set" (Foscht/ Swoboda, 2011: 175) in konkreten Kaufsituationen im Gedächtnis des Konsumenten präsent zu sein. Zum anderen folgen daraus im Unternehmen zunehmend höhere Aufwendungen für die kommunikationspolitischen Maßnahmen. (vgl. Rumler, 2002: 257; Berndt, 2004: 301; Kroeber-Riel/ Esch, 2011: 35ff.; Sawtschenko, 2010: 17f.)

Als direkte Folge daraus zeigen in gesättigten Märkten Produkte zu ihren Konkurrenzprodukten kaum innovative Unterschiede, da sie aufgrund der starken Konkurrenz im Regelfall auf technischer und Leistungs-Ebene bereits ausgereift sind. Dies erschwert

---

[10] Involvement steht für ein bestimmtes Maß an Aktiviertheit, mit dem sich ein Individuum einer bestimmten Sache oder Aufgabe widmet oder sich dafür interessiert (vgl. Kroeber-Riel, 1990: 377). Grundsätzlich kann man beim Grad der Beteiligung zwischen Low- und High-Involvement unterscheiden.
[11] Die bisher gängige Forschungsmeinung vertrat die Auffassung, dass Bilder stärker Emotionen auslösen als Text, da sowohl Bilder als auch Emotionen – im Gegensatz zu Sprache – in der rechten Gehirnhälfte verarbeitet werden. Diese Annahme lässt sich durch neuere Forschungsergebnisse nicht halten (vgl. Trommsdorff 2009: 71).

die Marktkommunikation, was sich beispielsweise in der Werbung widerspiegelt. Aufgrund mangelnder Unterschiede in den Produkten wird in solchen Fällen immer weniger auf die jeweiligen Qualitätsvorteile der Produkte und Dienstleistungen eingegangen, sondern vielmehr eine Erlebnis- und Gefühlswelt geschaffen, die häufig über themenverwandte Bildwelten erzeugt wird (z. B. die glückliche Familie, die gemeinsam frühstückt; junge, schöne Menschen, die gemeinsam Spaß haben und Alkohol trinken etc.). In der Wahrnehmung der Konsumenten werden dadurch **Produkte und Werbung austauschbar**, was eine eindeutige Positionierung und Abgrenzung von der Konkurrenz erschwert bzw. unmöglich macht. Dies betrifft besonders den B2C-Bereich, lässt sich aber auch im B2B-Geschäft beobachten. (vgl. Berndt, 2004: 301; Kroeber-Riel/Esch, 2011: 35ff.; Sawtschenko, 2010: 24f.)

Zum einen stellen die gesättigten Märkte durch die Austauschbarkeit der Produkte eine Herausforderung für die Unternehmenskommunikation dar. Zum anderen zeigt sich gleichzeitig eine **zunehmende Marktdifferenzierung** mit einer ansteigenden zielgruppenspezifischen Differenzierung des Angebots, was ebenfalls die Unternehmenskommunikation beeinflusst. Der Absatzmarkt wird dafür in Marktsegmente unterteilt, um es den Unternehmen zu ermöglichen, die gewünschten Zielgruppen anhand vorher festgelegter Schlüsselattribute (z. B. demographische und sozioökonomische Kriterien, Kaufverhalten, Nutzen etc.) zu identifizieren und zu selektieren (vgl. Homburg/Krohmer, 2009: 463 ff.). Durch eine zielgerichtete Ansprache mit den passenden Produkten versprechen sich die Unternehmen bessere Absatzchancen und einen höheren Wirkungsgrad der Kommunikationsmaßnahmen. Dies bedeutet gleichzeitig jedoch auch einen Mehraufwand und höhere Kosten, da für die ausgewählten Zielgruppen jeweils spezielle Werbekampagnen entwickelt werden müssen. Im Gegensatz zu breit angelegten Maßnahmen des Massenmarketings gehen bei einzeln geplanten Maßnahmen Kostenvorteile verloren oder fallen geringer aus (z. B. Preisstaffelung bei Druckkosten, Lieferkosten, Kosten der Werbemittelschaltung (Einzelkampagnen vs. Massenkampagne) usw.). (vgl. Rumler, 2002: 258; Kroeber-Riel/Esch, 2011: 38ff.)

Neben veränderten Kommunikations- und Marktbedingungen beeinflusst auch der **Wertewandel in der Gesellschaft** die Unternehmenskommunikation und muss bei der Gestaltung der Maßnahmen berücksichtigt werden. Einstellungen und Werte sind kein festgefügtes Konstrukt, sondern sind Veränderungen unterworfen. Ein Beispiel dafür ist etwa die zunehmende Gleichberechtigung der Geschlechter, die durch die Zweite Frauenbewegung in den 60er und 70er Jahren in der Bundesrepublik Deutschland forciert wurde und die Gesellschaft nachhaltig veränderte, zu einem neuen Rollen- und Selbstverständnis der Geschlechter führte und damit auch einen nachhaltigen Wertewandel in der Gesellschaft auslöste. Die Unternehmenskommunikation steht in diesem Punkt vor der Herausforderung, sich an diese Veränderungen anzupassen und ihre Kommunikationsmaßnahmen entsprechend weiterzuentwickeln. (vgl. Rumler, 2002: 258; Berndt, 2004: 301f.; Kroeber-Riel/Esch, 2011: 43ff.)

Als Hilfsmittel der Marktsegmentierung allgemein aber auch für die Wertesegmentierung im Speziellen dienen der Unternehmenskommunikation die Sinus-Milieu-Studien (vgl. Trommsdorff 2009: 180ff.). Diese geben zum einen einen Überblick über die Schichtzugehörigkeit (soziale Lage), was interessant ist für die Marktsegmentierung. Zum anderen gewähren sie Einblick in die in der Bevölkerung grundsätzlich vorherrschenden Werthaltungen (Grundorientierung). Das nachfolgende Beispiel stellt die Sinus-Milieus in Deutschland aus dem Jahr 2010 vor (s. Abb. 5).

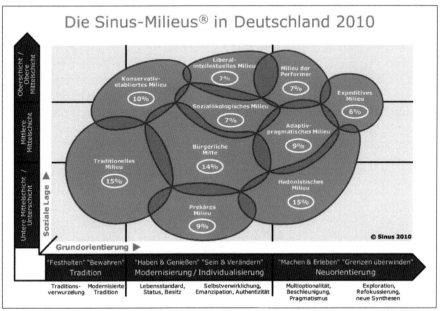

Abbildung 5. Beispiel eines Sinus-Milieus zur Ermittlung von Werthaltungen[12]

Die Sinus-Milieu-Studien haben darüber hinaus langfristig Bedeutung, da sie jährlich erstellt werden und Veränderungen in den gesellschaftlichen Werten – und damit den Wertewandel – sichtbar machen.

2.3.2 Kommunikation mit Organisationen

Neben den Allgemeinen Rahmenbedingungen spielt die Kommunikation mit Organisationen für das Verständnis der Unternehmenskommunikation im B2B-Bereich eine wichtige Rolle. Grundzüge der Kommunikation lassen sich anhand der von BRUHN (2010a: 41f.) erweiterten *Grundstruktur eines Kommunikationssystems* darstellen, das folgende Elemente des Kommunikationsprozesses berücksichtigt:

- Wer (Unternehmen, Kommunikationstreiber)
- sagt was (Kommunikationsbotschaft)
- unter welchen Bedingungen (situationale Gegebenheiten)

---

[12] Entnommen aus: http://www.sinus-institut.de/loesungen/sinus-milieus.html (07.07.2012; 15:15). Die Darstellung zeigt die Verteilung der Sinus-Milieus in Deutschland. Die Sinus-Milieus werden länderbezogen erstellt.

- über welche Kanäle (Medien, Kommunikationsträger)
- zu wem (Zielperson, Kommunikationsempfänger)
- in welchem Gebiet (Einzugsgebiet)
- mit welchen Kosten (Kommunikationsaufwand)
- mit welchen Konsequenzen (Kommunikationserfolg)?

Dabei bilden der *Sender* (Unternehmen, Kommunikationstreiber), die (Kommunikations-)*Botschaft* und der *Empfänger* (Zielperson, Kommunikationsempfänger) die notwendigen Grundelemente des Kommunikationssystems. In der B2B-Kommunikation wird häufig durch die unmittelbare Beziehung zwischen Sender und Empfänger ein einstufiges Kommunikationssystem eingesetzt. Der persönliche Verkauf, Messeauftritte etc. sind hier beispielhaft für eine persönliche Kommunikation zu nennen. Der Einsatz von Social Media in Unternehmen erweitert die Kommunikationsmöglichkeiten und erleichtert den Unternehmen den direkten Dialog mit den Anspruchgruppen. Aus diesem Grund beschränkt sich Kapitel 2.3.2 auf die Darstellung eines „originären, einstufigen Kommunikationssystems"[13] (Bruhn, 2010a: 42) (vgl. Abb. 6).

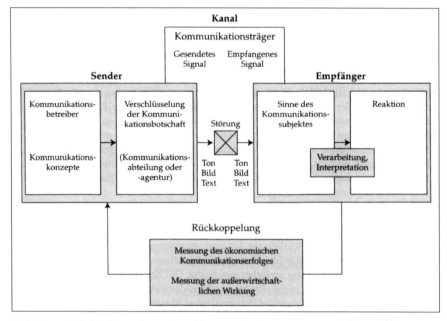

Abbildung 6. Originäres, einstufiges Kommunikationssystem nach BRUHN[14]

---

[13] Der Vollständigkeit halber soll das „derivative, mehrstufige Kommunikationssystem" an dieser Stelle erwähnt werden. Bei diesem Typus handelt es sich um ein Kommunikationssystem, bei dem keine direkte Beziehung zwischen Sender und Empfänger besteht und die Botschaft über mehrere Stufen an den Empfänger übertragen wird. (vgl. Bruhn, 2010: 44f.)
[14] Entnommen aus: Bruhn, 2010: 43

Das Sender-Empfänger-Modell verdeutlicht den Ablauf von Kommunikationsprozessen. Es stellt die Übertragung einer Nachricht von Sender zu Empfänger dar. Dabei werden die zur Verfügung stehenden Informationen zu einer Nachricht zusammengefasst, die der Sender mithilfe von Text-, Bild- und Tonelementen verschlüsselt (codiert). Das verschlüsselte Signal wird über einen ausgewählten Kommunikationskanal an den Empfänger übermittelt. Dieser muss das Signal wieder entschlüsseln (decodieren) und die Nachricht entsprechend übersetzen und interpretieren.

Während der Übermittlung kann es sowohl auf Empfänger- als auch auf Senderseite zu Störungen kommen, z. B. bei der Ver- oder Entschlüsselung. Dies geschieht etwa, wenn Sender und Empfänger auf unterschiedliche Erfahrungen, Wertvorstellungen und Bedürfnisse zurückgreifen. Störungen können auch auf dem Übertragungsweg entstehen, z. B. durch akustische Einflüsse. Daneben unterscheidet BRUHN zwischen „konkurrenzinduzierten Störungen" und „umweltinduzierten Störungen" (Bruhn, 2010a: 43). Das Rückkopplungselement innerhalb des Systems ist wichtig, um überprüfen zu können, ob die Botschaft angekommen ist, ob sie verstanden wurde und wie die Reaktion des Empfängers auf die Nachricht aussieht. (vgl. Bruhn, 2010a: 42ff.)

Besonderheiten der B2B-Kommunikation liegen auf Basis des Sender-Empfänger-Modells zum einen in der Schwierigkeit der Übermittlung komplexer Sachverhalte und Leistungen. Bei erklärungsbedürftigen Produkten, wie sie häufig im B2B-Bereich vorzufinden sind, kann es leicht zu einer Störung der übermittelten Botschaft und damit zu Missverständnissen kommen[15]. Zum anderen stehen viele B2B-Unternehmen vor der Herausforderung der korrekten, zielgerichteten Kundenansprache im Rahmen einer professionellen, multipersonellen Einkaufsorganisation (Buying Center) (vgl. Masciadri/Zupancic, 2010: 22ff.).

In der Kommunikation mit Organisationen ist darüber hinaus zu beachten, dass Entscheidungsprozesse in Organisationen bestimmten Regeln, Kriterien und definierten Abläufen folgen. Beschaffungsprozesse können standardisiert sein. Aufgrund der Komplexität einiger Güter kann es im B2B-Bereich vorkommen, dass das Produkt individuell auf den Kunden zugeschnitten wird (z. B. Webseiten). Solche Projekte, die je nach Produkt auch mehrere Jahre dauern können, setzen eine individuelle Ansprache, Vertrauen und Diskretion voraus. Die an solchen Entscheidungsprozessen und Projekten beteiligten Personen müssen entsprechend informiert und koordiniert werden, was auf Kommunikationsebene einen „hohen Interaktionsgrad" (Masciadri/Zupancic, 2010: 24) mit organisatorischem Aufwand bedeutet. (vgl. Masciadri/Zupancic, 2010: 23ff.)

Während im Rahmen von Werbemaßnahmen die Adressaten im B2B-Bereich aufgrund der Informationsüberlastung und von Zeitmangel häufig ein niedriges Involvement aufweisen, zeigt sich im Zusammenhang mit organisationalen Kaufprozessen besonders bei Erstkäufen ein High-Involvement der Beteiligten aufgrund des mit dem Kauf verbundenen Risikos und der Verantwortung der Beteiligten.

---

[15] Ergänzend sei hier auf das Vier-Seiten-Modell von SCHULZ VON THUN verwiesen, das einer Nachricht vier Aspekte zuweist: Sachinhalt, Selbstoffenbarung, Beziehung und Appell (vgl. Schulz von Thun, 2011).

3. Social Media in der Unternehmenskommunikation

3.1 Social Media: Besonderheiten in der Kommunikation

Die Anfänge der Kommunikation im Social Web liegen bereits in den 1990er Jahren in der Verbreitung des Internets begründet. Zu diesem Zeitpunkt sind die User (Internetnutzer) eher passiv und das Internet (Web 1.0) wird verstärkt rein kommerziell genutzt (vgl. Schindler/Liller, 2012: 3ff.). Ab Mitte des ersten Jahrzehnts des neuen Jahrtausends folgt die als *Web 2.0*[16] bekannt gewordene Phase, in der sich das Internet im Vergleich zu 1990 stark verändert hat. Als wesentliche Merkmale sind hier zu nennen (vgl. Cyganski/Hass, 2008: 102; Roebers/Leisenberg, 2010: 23ff.; Huber, 2010:14ff.; Kilian et al., 2008:10ff.; Alby, 2008: 15ff.):

- der aktive Nutzer (User), der selbsttätig Inhalte gestaltet (*User-Generated-Content*),

- die Entwicklung von *Social Software*[17], die im Open-Source-Prinzip den aktiven Usern zur Nutzung kostenlos und zur freien Verwendung überlassen wird: Es entstehen neue Technologien und Applikationen wie etwa Blogs, RSS, Wikis etc. und

- neue Kommunikationskanäle durch soziale Netzwerke (z. B. Facebook, Xing, Twitter, LinkedIn etc.), die dem Meinungsaustausch, dem allgemeinen Dialog und der Kontaktpflege dienen.

Die Unterschiede zwischen Web 1.0 und Web 2.0 werden nachfolgend in einer Gegenüberstellung ausgewählter wichtiger Grundsätze und typischer Anwendungen dargestellt:

Tabelle 2. Vergleich zwischen Anwendungen und Grundprinzipien des Web 1.0 und Web 2.0[18]

Web 1.0		Web 2.0
DoubleClick	►	Google AdSense
Ofoto	►	Flickr
Akamai	►	BitTorrent
Britannica Online	►	Wikipedia
persönliche Webseiten	►	Weblogs
Spekulation mit Domain Namen	►	Suchmaschinenoptimierung (SEO)
Publikationen	►	Partizipation
Content Management Systeme	►	Wikis
Taxonomie (Verzeichnisse)	►	Folksonomy (Tagging)

---

[16] Die Bezeichnung *Web 2.0* wurde durch Tim O'Reilly in seinem Aufsatz *What is Web 2.0?* (O'Reilly, 2005) der allgemeinen Öffentlichkeit bekannt.

[17] Unter Social Software versteht man „webbasierte Anwendungen, die für Menschen den Informationsaustausch, den Beziehungsaufbau und die Kommunikation in einem sozialen Kontext unterstützen (…)" (Hippner, 2006: 7) und die Entstehung sowie Etablierung einer Community fördern (vgl. Seidel, 2009: 4).

[18] In Anlehnung an: O'Reilly (2005)

Das Web 2.0 entstand somit aus dem Zusammenspiel von technischen Neuentwicklungen und einer Evolution der Internetnutzer und fungiert heute als Plattform zum Meinungs- und Informationsaustausch. Das Internet wird damit nicht mehr nur als Informationsquelle oder als virtueller Marktplatz (E-Commerce) genutzt, sondern entwickelte sich zu einer interaktiven Plattform (vgl. Cyganski/Hass, 2008: 102). Für Unternehmen bedeutet dies aber auch, angelehnt an „The Long Tail" von ANDERSON (2011) (s. Kap. 3.1.3), dass der Einsatz von Social Media Einfluss auf die Märkte und auf die Entwicklung von Geschäftsmodellen hat. Da bisher primär über Web 2.0 gesprochen wurde, werden nachfolgend die Begriffe *Web 2.0, Social Web* und *Social Media* zum besseren Verständnis erläutert und voneinander abgegrenzt.

3.1.1 Definition *Social Media*

TIM O'REILLY (2005) schreibt den Nutzern im Web 2.0 eine „kollektive Intelligenz" zu und unterstreicht ihre Bedeutung im Web 2.0 als aktive Mitentwickler etwa in Blogs, Wikis oder Folksonomys (vgl. O'Reilly, 2005). Eine allgemeingültige Begriffsdefinition liegt nicht vor, jedoch verschiedene Definitionsversuche, von denen zwei ausgewählte zur Begriffserklärung herangezogen werden. Nach O'REILLY (2005a) definiert sich der Begriff *Web 2.0* wie folgt:

> Web 2.0 is the network as platform, spanning all connected devices; Web 2.0 applications are those that make the most of the intrinsic advantages of that platform: delivering software as a continually-updated service that gets better the more people use it, consuming and remixing data from multiple sources, including individual users, while providing their own data and services in a form that allows remixing by others, creating network effects through an "architecture of participation", and going beyond the page metaphor of Web 1.0 to deliver rich user experiences.

Ergänzend dazu kennzeichnet laut ALPAR/BLASCHKE (2008:5) der Begriff

> Anwendungen und Dienste, die das World Wide Web als technische Plattform nutzen, auf der die Programme und die benutzergenerierten Inhalte zur Verfügung gestellt werden. Die gemeinsame Nutzung der Inhalte und gegenseitige Bezüge begründen Beziehungen zwischen den Benutzern.

Der Begriff Web 2.0 beschreibt damit den technischen Entwicklungsprozess des Internets und den daraus resultierenden sozialen Effekt. *Social Web* betont dagegen die soziale Komponente, die sich auf die Beziehungen der Anwender untereinander gründet. Dabei spielen der Dialog und die Interaktion der User über das Internet eine entscheidende Rolle (vgl. Schindler/Liller, 2012: 4f.). Der Begriff *Social Media* bezieht wiederum die digitalen Medien und Technologien, wie Communitys und soziale Netzwerke, und das Verhalten der Nutzer in diesen Medien mit ein (vgl. Schindler/Liller, 2012: 6ff.), wie die nachfolgende Definition von SAFKO/BRAKE (2009:6) zeigt:

29

Social media refers to activities, practices, and behaviors among communities of people who gather online to share information, knowledge, and opinions using conversational media. Conversational media are Web-based applications that make it possible to create and easily transmit content in the form of words, pictures, videos, and audios.

Dabei unterstützen diese sozialen Medien (Social Media) die Anwender und ermöglichen den Austausch untereinander (u. a. über Fotos, Videos und Audios), sowie das Produzieren und Publizieren medialer Inhalte – alleine oder in der Gruppe. Der BUNDESVERBAND DIGITALE WIRTSCHAFT E.V. (BVDW) veröffentlichte 2009 eine umfassende *Social-Media*-Definition, die die obigen Ausführungen zu Social Media weiter verdeutlicht:

Social Media sind eine Vielfalt digitaler Medien und Technologien, die es Nutzern ermöglichen, sich untereinander auszutauschen und mediale Inhalte einzeln oder in Gemeinschaft zu gestalten. Die Interaktion umfasst den gegenseitigen Austausch von Informationen, Meinungen, Eindrücken und Erfahrungen sowie das Mitwirken an der Erstellung von Inhalten. Die Nutzer nehmen durch Kommentare, Bewertungen und Empfehlungen aktiv auf die Inhalte Bezug und bauen auf diese Weise eine soziale Beziehung untereinander auf. Die Grenze zwischen Produzent und Konsument verschwimmt. Diese Faktoren unterscheiden Social Media von den traditionellen Massenmedien. Als Kommunikationsmittel setzt Social Media einzeln oder in Kombination auf Text, Bild, Audio oder Video und kann plattformunabhängig stattfinden. (BVDW, 2009: 5)

Social Media ist damit ein Teilaspekt des Social Web, welches wiederum einen Teilbereich des Web 2.0 darstellt, „bei [dem] es nicht um neue Formate oder Programmarchitekturen, sondern um die Unterstützung sozialer Strukturen und Interaktionen über das Netz geht" (Ebersbach et al., 2011:29).

Obwohl die drei Begriffe semantisch leicht abweichen und verschiedene Aspekte betonen, werden die Bezeichnungen häufig synonym verwendet, da der Grad der thematischen Überschneidung sehr hoch ist. Die in Google Trends erstellte Grafik verdeutlicht die Entwicklung der Verwendung der drei Begriffe *Social Media*, *Social Web* und *Web 2.0*. Hier zeigt sich, dass ab 2010, die Bezeichnung *Social Media* immer stärker an Bedeutung gewinnt (s. Abb. 7).

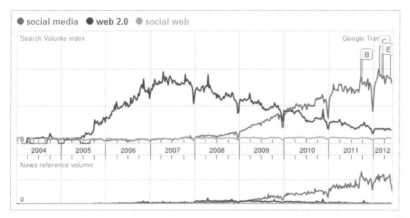

Abbildung 7. Entwicklung der Begriffe Social Media, Web 2.0 und Social Web[19]

3.1.2 Veränderungen in der Kommunikation

Das Web 2.0 eröffnet über soziale Netzwerke, Blogs oder Microblogs etc. neue Kommunikationsmöglichkeiten, die zum Dialog einladen. Aufgrund der weltweiten Vernetzung verbreiten sich Nachrichten zu jeder Tages- oder Nachtzeit in rasender Geschwindigkeit rund um den Globus. Darüber hinaus verbleiben einmal ins Internet gestellte Nachrichten und Kommentare dort, sind lange über das Internet auffindbar und schwer zu löschen. Die nachfolgenden vier Punkte reißen wesentliche Aspekte von Social Media an, die die Kommunikation nachhaltig verändert haben: der *User-Generated-Content*, das *Open-Source-Prinzip*, der *Informationsfluss* und die *Transparenz*.

User-Generated-Content

Ein zentraler Aspekt, der bei Social Media eine wichtige Rolle spielt, ist die Schaffung und das Bereitstellen von Inhalten oder auch *Content*. Die Bereitstellung von Inhalten durch Unternehmen auf zumeist statischen Webseiten war bereits im Web 1.0 eine gängige Praxis. Man muss hier und in Bezug auf die klassischen Medien jedoch zwischen dem Kommunikations- und dem reinen Informationsaspekt unterscheiden. Oftmals liegt zusätzlich eine Trennung bei der Verwendung der gewählten Übermittlungskanäle vor. Während die Informationsvermittlung primär unidirektional (z. B. über Fernsehwerbung) abläuft, erfolgt die Kommunikation bidirektional, indem der Adressat eine Möglichkeit zur Antwort/Reaktion erhält (z. B. Direct-Mails, Anzeige mit Kontaktdaten). Das Social Web hingegen schafft eine Verbindung zwischen Information und Kommunikation. Dies gelingt insbesondere durch soziale Netzwerke, Microblogs (Twitter), Foren und andere Plattformen (z. B. Webshops mit Bewer-

---

[19] Entnommen aus: Google Trends (http://www.google.de/trends?q=social+media%2C+web+2.0%2C+ social+web&ctab=0&geo= all&date=all&sort=0), (07.06.2012; 20:10 Uhr)

tungsmöglichkeit), in denen die Nutzer die Möglichkeit haben, in den Dialog mit anderen einzutreten. Neu ist unter diesem Gesichtspunkt der Begriff und das Verständnis des „User Generated Content" (UGC; Stöckl et al., 2008: 272) oder auch „User Created Content" (UCC; Vickery et al., 2007: 8). Die Internetnutzer können selbst aktiv werden, Inhalte schaffen und veröffentlichen. (vgl. Stöckl et al., 2008: 272f.; Vickery et al., 2007: 16ff.; Schindler/Liller, 2012: 6ff.))

Das OECD weist dabei auf drei wesentliche Charakteristika hin, die UGC erfüllen muss:

1. die Beiträge müssen online veröffentlicht sein/werden, z. B. auf einer Webseite oder in einem sozialen Netzwerk,

2. die Beiträge müssen eine gewisse eigene schöpferische Leistung beinhalten, d. h. reines Kopieren und Einfügen reicht nicht aus[20] und

3. die Beiträge werden nicht im Rahmen der eigenen professionellen Tätigkeit und alltäglichen Arbeit unentgeltlich erstellt. (vgl. Vickery et al, 2007: 8)

Der Internetnutzer grenzt sich dadurch mit der Schaffung von UGC gegenüber kommerziellen Autoren und Journalisten als Vertreter der traditionellen Medienproduktion ab. Grundsätzlich ist das dritte Kriterium für die Abgrenzung zu durch Unternehmen erzeugte Inhalte nützlich und sinnvoll. Die Einstellung gegenüber der Nicht-Kommerzialität und der Unabhängigkeit weicht jedoch langsam dem „Trend zur Monetarisierung von UGC" (Vickery et al., 2007:9). (vgl. Vickery et al., 2007: 9)

Open-Source-Prinzip

Das Open-Source-Prinzip greift den im Rahmen des UGC genannten nicht-kommerziellen Aspekt unter dem Gesichtspunkt der „freien Software"[21] (GNU Betriebssystem, 2012) auf. Ein Beispiel für eine Social Software, die im Open-Source-Prinzip vertrieben wird, ist die Online-Plattform „wordpress.com", über die jeder User innerhalb kürzester Zeit einen eigenen Blog aufbauen, Inhalte selbst gestalten und online publizieren kann. Die Wurzeln des Open-Source-Prinzips selbst liegen in der Freien-Software-Bewegung (später: Open-Source-Bewegung) und in der Gegenkultur der 1968er. Der Name *Richard Stallmann* ist fest mit dem Open-Source-Begriff verbunden. Er gilt als Urheber der „GNU Public License"[22] (vgl. Roebers/Leisenberg,

---

[20] Nach diesem Kriterium würden etwa die auf YouTube 1:1-eingestellten kopierten Filme von Musikvideos oder Filmen nicht als UGC gelten (vgl. Vickery et al., 2007: 8), was in diesem Zusammenhang diskussionswürdig ist, da diese Beiträge ebenfalls zur Gestaltung des Social Web beitragen und einen Mehrwert für die Nutzergemeinde schaffen, sofern sie nicht die Rechte Dritter verletzen.

[21] Unter freier Software versteht man Software, mit der „Nutzer die Freiheit [haben], Software auszuführen, zu kopieren, zu verbreiten, zu untersuchen, zu ändern und zu verbessern." (GNU Betriebssystem, 2012)

[22] Die *GNU Public License* erlaubt sowohl die private als auch die gewerbliche Nutzung der Software. Dabei darf der Quellcode dem eigenen Bedarf angepasst werden. Die Nutzung und Anpassung ist jedoch nur dann erlaubt, wenn die weiterentwickelte Software wieder unter der GNU Public License in den Nutzungskreislauf der User zurückgeführt wird. Open Source stellt damit eine kooperative Form der Softwareentwicklung dar, bei der durch den Einsatz der Gemeinschaft eine stete Optimierung der Software möglich wird. (vgl. Roebers/Leisenberg, 2010:26)

2010: 26), dem zentralen Element der Open-Source-Bewegung. Der Begriff *Open Source* selbst entstand erst Ende der 90er Jahre (vgl. OSI, 2012b) und beschreibt die Gegenbewegung zur wirtschaftlichen Entwicklung, Software als proprietäres Wirtschaftsgut zu betrachten. Mit der Verbreitung des Internets gewinnt Open Source für Software an Beliebtheit und begründete 1998 die Open-Source-Initiative (OSI; vgl. OSI, 2012b) – eine Non-Profit-Organisation, die zwischen verschiedenen Bereichen in der Open-Source-Community vermittelt und auf Basis der Open-Source-Definition[23] (vgl. OSI, 2012a) eine Zusammenarbeit zwischen Entwicklern, Anwendern, Unternehmen und Regierungen fördert (vgl. OSI, 2012c). Eines der bekanntesten Open-Source-Programme ist das Betriebssystem Linux, das neben anderer Open-Source-Software in großen Unternehmen wie IBM, Motorola, Dell, Oracle oder Amazon (vgl. Weber, 2005: 6) eingesetzt wird. Open-Source-Lösungen sind damit essentiell für die Entstehung, Weiterentwicklung und grundsätzliche Partizipation der User am Social Web.

Informationsfluss

Ein Charakteristikum des Social Web ist das vorhandene Überangebot an Informationen. Man findet zu fast jedem Thema eine Vielzahl an Hinweisen im Netz. Dies wird möglich durch die immer stärker anwachsende Verlinkung von Webseiten, Blogs und Foren etc., deren Daten für Suchmaschinen ausgelesen und dort gelistet werden (vgl. Scott, 2010: 87ff.). Dadurch sind den Usern heute viele Informationen öffentlich zugänglich. Wissen und Informationen können häufig direkt von der originären Quelle abgerufen und geteilt werden. Dies führt jedoch gleichzeitig zu einem veränderten Such- und Nutzungsverhalten, was sich ebenfalls im Konsumentenverhalten niederschlägt[24] (vgl. Huber, 2010: 17f.; Anderson, 2011: 66). Um das Social Web und die darin angebotenen Informationen nutzen zu können, müssen die Anwender die Informationen zunächst über ausgewählte Suchbegriffe und Schlagworte selektieren, um dann die gefundenen Treffer entsprechend zu gewichten und zu klassifizieren (vgl. Schindler/Liller, 2012: 48f.). Der – zumindest in der westlichen Welt – ungehinderte Zugang zu den Informationen des Social Web führt in Folge zu einem aufgeklärteren und kritischeren Anwender (vgl. Anderson, 2011: 66). Aufgrund der zunehmenden Informationsfülle und der wachsenden Medienzahl nutzen die User die vorliegenden Medienformen stellenweise parallel. Diese Form des „Multitasking" (Schindler/Liller, 2012: 44) gelingt jedoch nur, indem nicht alle Medien gleichwertig wahrgenommen und diejenigen, „die unsere Konzentration am wenigsten beanspruchen, wie Radio und immer stärker auch Fernsehen, zu Begleitmedien [degradiert]" (Schindler/Liller, 2012: 44) werden. Diese Veränderungen bewirken auch eine Neuorientierung der Unternehmen: weg von der Push- hin zur Pull-Kommunikation (vgl. Hettler, 2010: 75f.).

---

[23] Für eine genaue Einsicht in die Definition und die Richtlinien siehe Anhang (A1: 112).
[24] Im Vorfeld eines Produktkaufs ist es mittlerweile üblich, sich zusätzlich oder ausschließlich mithilfe einer gezielten Online-Recherche über das gewünschte Produkt zu informieren (z. B. über Produktbewertungen auf Shop-Seiten oder in Foren etc.).

Jeder Einzelne, der am Social Web partizipiert, bringt sein Wissen und seine Kenntnisse ein, wodurch der Informationsfluss dezentralisiert wird. Unternehmen haben gleichzeitig selbst die Möglichkeit, interessante Inhalte zu generieren, damit die Aufmerksamkeit der Internetnutzer zu gewinnen und aufgrund der Themen über die Suchmaschinen ihre Reichweite zu erhöhen (vgl. Schindler/Liller, 2012: 49). Durch den Einsatz von Social Media können Unternehmen direkt in Kontakt mit den Anspruchsgruppen treten und damit durch gezielte PR, ohne Umweg über die klassischen Massenmedien, „Öffentlichkeit herstellen und ihre Reputation aufbauen" (Schindler/Liller, 2012: 54). Unternehmen müssen sich auch hier – in Anbetracht der Masse an Informationen – neuen Herausforderungen in der Unternehmenskommunikation stellen und sich gegen eine Vielzahl konkurrierender Informationsquellen durchsetzen, wie die nachfolgenden Zahlen zeigen: so sind etwa derzeit über 850 Mio. Menschen weltweit auf Facebook angemeldet, insgesamt existieren über 200 Mio. Twitter-Accounts, täglich werden auf YouTube 69.120 Stunden (= 2880 Tage(!)) Videomaterial hochgeladen und über 4 Mrd. Videos angesehen (vgl. Schindler/Liller, 2012: 5). Diese Zahlen geben einen kleinen Eindruck von der Menge an Informationen, die über soziale Medien veröffentlicht und geteilt werden.

Eine Besonderheit in der Kommunikation ist der Informationsfluss innerhalb von sozialen Netzwerken. Nachrichten verbreiten sich innerhalb der Netzwerke besonders in kleinen Gruppen per Mundpropaganda (Word-of-Mouth) und werden hier etwa durch einfaches Seeding[25] viral verbreitet. Informationen aus sozialen Netzwerken kommen hierbei besondere Bedeutung zu, da aufgrund der engen Verbindungen, besonders in kleinen Gruppen, an dem Wahrheitsgehalt der Meinungsäußerungen kaum gezweifelt wird. Denn diese Informationen gelten als „frei von eigenen wirtschaftlichen Interessen" (Urchs/Körner, 2008: 675) und werden selten in Frage gestellt. (Vgl. Urchs/Körner, 2008: 672ff.; Langner, 2008: 659ff.; Michelis, 2012: 127ff.)

Transparenz

Viele Unternehmen legen im Rahmen der Corporate Identity häufig Richtlinien die Corporate Language (unternehmensspezifischer Sprachstil, Wortwahl etc.) betreffend fest (vgl. Roebers/Leisenberg, 2010: 185f.). Darüber hinaus gibt es in vielen Unternehmen Vorgaben, welche und wie viele Informationen etwa im Rahmen der externen Unternehmenskommunikation nach außen gegeben werden dürfen. Diese Form der Kontrolle der Informationen ließ sich vor der Social-Media-Ära durch die klassische Kommunikation mit den Medien weitestgehend durchsetzen und aufrechterhalten. Die Social-Media-Anwendungen verändern dies nachhaltig und führen zum „Verlust der

---

[25] Die Literatur unterscheidet zwischen einfachem und erweitertem Seeding. Dabei wird beim erweiterten Seeding „das virale Element über möglichst viele Kanäle und Plattformen gleichzeitig verbreitet" (Langner, 2008. 668), um eine hohe Zahl an Kontakten zu generieren und die Botschaft möglichst schnell zu verbreiten. Im Gegensatz dazu liegt beim einfachen Seeding der Schwerpunkt auf der „Qualität des viralen Elements" (Langner, 2008: 667). Hier wird besonderer Wert auf die natürliche Weitergabe der Botschaften gelegt. Die Informationen werden als Empfehlungen an Familie, Freunde und Bekannte weitergeleitet und wirken dadurch auf die Empfänger authentisch und vertrauensvoll. (vgl. Langner, 2008: 667f.)

Kommunikationshoheit" (Hettler, 2010: 76). Durch den Einsatz von (Micro-)Blogs, Wikis, sozialen Netzwerken etc. wird eine neue Form von Offenheit und Transparenz in der Medienwelt und darüber hinaus geschaffen, was wiederum die Unternehmenskommunikation beeinflusst. Unternehmen nutzen, trotz des voran beschriebenen Nachteils, selbst die neuen Möglichkeiten des Social Web, um mit ihren Kunden direkt in Dialog treten zu können, Unternehmensbotschaften zu übermitteln, Kritik und Probleme zu erfahren und entsprechend den Kundenservice verbessern zu können etc. (vgl. Hettler, 2010: 73ff.).

Vor neue Herausforderungen werden Unternehmen heute jedoch von der Tatsache gestellt, dass im Social Web anonyme Dritte ihre Meinung über das Unternehmen, dessen Produkte, Dienstleistungen und Services frei äußern können und von anderen gehört, in ihrer Meinung respektiert und bestätigt werden. Dabei verlieren die klassischen Werbebotschaften der Unternehmen – nicht zuletzt aufgrund der Informationsüberlastung der Adressaten – immer stärker an Bedeutung (vgl. Anderson, 2011: 117f.), während Mundpropaganda in Form von Kundenbewertungen und Käufermeinungen an Einfluss gewinnt (vgl. Anderson, 2011: 127ff.). Diese Entwicklung macht gleichzeitig die Machtverschiebung vom Unternehmen weg hin zum Verbraucher deutlich. Ein weiteres Problem für Unternehmen im Zeitalter von Computer und Web 2.0 stellen unternehmensinterne Informationen dar, die unbeabsichtigt oder fahrlässig nach außen dringen und u. U. Kontroversen im Social Web auslösen können (vgl. Roebers/Leisenberg, 2010: 188ff.). Dies kann Unternehmen schnell in eine Krise führen. Besonders Social-Media-Krisen[26] und speziell Shitstorms[27] sind moderne Krisenformen, die neue Maßnahmen in der Krisenbewältigung und Krisenkommunikation erforderlich machen.

3.1.3 Auswirkungen auf die Märkte am Beispiel des *Long Tail*

ANDERSON beschreibt in seiner Theorie des „Long Tail" (Anderson, 2011), wie sich die Kultur und die Wirtschaft unter dem Einfluss des Internets und des E-Commerce verändern und damit die Märkte beeinflussen. Hinter der Theorie des Long Tail steht folgende Annahme: Es gibt eine kleine Anzahl von (massengeschmackstauglichen) Produkten, die auf den Massenmärkten erfolgreich sind und als sogenannte „Hits" an der Spitze der Nachfragerkurve stehen. Durch das Internet und die Möglichkeiten des Online-Handels entstanden bzw. entstehen viele Nischenprodukte, die sich an dem „Long Tail", dem langen Schwanz der Nachfragerkurve, ansiedeln (s. Abb. 8).

Dies wird zunächst möglich durch allgemein sinkende Kosten (z. B. Wegfall des Ladengeschäfts oder sinkende bzw. vernachlässigbare Produktions- und Logistikkosten

---

[26] „A social media crisis is a crisis issue that arises in or is amplified by social media, and results in negative mainstream media coverage, a change in business process, or financial loss." (Owyang, 2011: 17)
[27] „Der Begriff *Shitstorm* beschreibt den Umstand, dass sich ein Unternehmen online einem wahren Sturm der Entrüstung, Empörung und des Protestes ausgesetzt sieht." (Schindler/Liller, 2012: 169). Dabei können die Wortmeldungen von seriöser Kritik bis hin zu üblen Beschimpfungen und Schmähungen reichen.

beim Vertrieb rein immaterieller/digitaler Güter etc.). Ein weiterer Vorteil des Online-Handels ist die Standortunabhängigkeit des Geschäfts. Besitzer sind nicht länger auf einen bestimmten Standort angewiesen, um erfolgreich zu sein (Wegfall des „Diktats des Standorts" (Anderson, 2011: 19)).

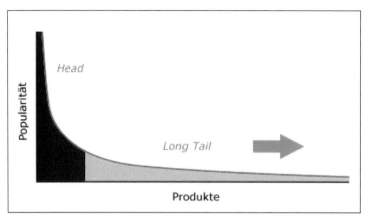

Abbildung 8. Die Long-Tail-Kurve[28]

Ferner sind sie dadurch nicht mehr an ausschließlich lokale Abnehmer gebunden, sondern können ihr Angebot überregional, landesweit oder weltweit vermarkten. Indem ein Angebot online nicht länger nur auf ein Ladengeschäft beschränkt ist, besteht die Möglichkeit neben Mainstream-Produkten auch vermehrt Nischenprodukte anzubieten, da kein wertvoller Regalplatz verloren geht (z. B. Buchsortiment auf amazon.de). Dadurch wird der Zugang zu Nischenprodukten für die Nachfrager erleichtert. (vgl. Anderson, 2011: 19ff. & 62)

Eine Grundvoraussetzung dafür, dass der Long Tail funktioniert, ist neben der Möglichkeit des unbegrenzten Online-Angebots, die Auffindbarkeit der Produkte im Internet (z. B. mithilfe von Suchmaschinen) und die tatsächliche Nachfrage nach den angebotenen Produkten und Dienstleistungen. (vgl. Anderson, 2011: 62)

> Der Long Tail bemisst sich nicht nur nach der verfügbaren Vielfalt, sondern auch anhand der Menschen, die sich um ihn gruppieren. Daher zeigt sich die wahre Nachfrage erst, wenn den Verbrauchern eine unbegrenzte Auswahl geboten wird. Sie setzt sich zusammen aus der Summe aller Käufe, Anwendungen und anderen Beteiligungsmöglichkeiten in den neu verfügbaren Nischen. Erst dann wird aus der massiven Erweiterung der Auswahl eine wirtschaftliche und kulturelle Kraft. Der Long Tail beginnt mit einer Million Nischen, ist aber erst von Bedeutung, wenn die Nischen von Menschen besetzt werden, die diese Nischen auch wirklich wollen. (Anderson, 2011: 61)

---

[28] In Anlehnung an: Anderson, 2011: 63; Alby, 2008: 160

Unternehmen haben damit die Möglichkeit zu entscheiden, ob sie ihre Produkte als Hits oder Nischenprodukte sehen und wo sie diese platzieren wollen. Damit beeinflussen das Internet und seine Anwendungen (z. B. Suchmaschinen, Produktempfehlungen etc.) die Märkte und ihre Teilnehmer. Social Media verstärkt diesen Effekt durch die verbesserten Dialogmöglichkeiten mit den Anbietern. Neue Produkte können auf den Kundengeschmack hin entwickelt werden, was die zunehmende Marktdifferenzierung weiter steigert. Die Nutzung von Social-Media-Anwendungen vergrößert darüber hinaus die Reichweite und verbessert die Auffindbarkeit über Suchmaschinen durch ein durchdachtes Social-Media-Marketing (SMM), was wiederum die Anzahl der besetzen Nischen erhöht.

3.2 Bedingungen für den Social-Media-Einsatz

Um Social Media langfristig erfolgreich in einem Unternehmen einzusetzen, sind im Vorfeld einige grundlegende Bedingungen für den Social-Media-Einsatz zu klären: sowohl im Unternehmen selbst als auch im Unternehmensumfeld. Einige allgemeine Bedingungen im Rahmen der Kommunikation wie Transparenz, Informationsfluss, Gefahr des Kontrollverlustes, Geschwindigkeit der Informationsverbreitung und Reichweite der Informationen wurden in Kapitel 3.1 bereits angesprochen. Ein wesentliches Element, nämlich die Authentizität, wurde in diesem Zusammenhang noch nicht explizit genannt, ist aber für ein erfolgreiches Social-Media-Engagement essentiell und wird in den nachfolgenden Punkten immer wieder zur Sprache kommen.

3.2.1 Bedingungen im Unternehmen

Innerhalb des Unternehmens müssen für den Social-Media-Einsatz Fragen geklärt werden wie:

1) Gibt es eine Social-Media-Strategie und falls ja, wie sieht diese aus?

2) Ist die derzeitige Unternehmenskultur mit dem Social-Media-Auftritt vereinbar oder gibt es Widersprüche oder sogar Hindernisse, die gegen den Einsatz von Social Media sprechen?

3) Ist der vorherrschende Führungsstil innerhalb der Organisation mit dem Social-Media-Einsatz kompatibel?

4) Werden die Mitarbeiter mit dem entsprechenden Vertrauen in das Unternehmen eingebunden und spiegelt sich dies auch in der Kommunikation wider?

Diese Fragen sollen nachfolgend angesprochen werden.

Social-Media-Strategie

Nach WELGE/AL-LAHAM (2008: 16) wird nach dem klassischen Strategieverständnis unter einer Strategie „ein geplantes Maßnahmenbündel der Unternehmung zur Erreichung ihrer langfristigen Ziele" verstanden. Dafür müssen Erfolgspotenziale in einem Unternehmen identifiziert und mithilfe des Einsatzes geeigneter Ressourcen genutzt werden (vgl. Welge/Al-Laham, 2008: 16f.; Weigand/Krause, 2010: 24). Jedes Unternehmen verfolgt mit dem Einsatz von Social Media bestimmte Ziele. Diese können sein: die Vertiefung der Kundenbeziehung, Impulse für die Produktentwicklung, Marktforschungszwecke usw. Dafür ist grundsätzlich die Entwicklung einer entsprechenden Strategie erforderlich, um sich nicht im Social Web und seinen möglichen Anwendungen zu verlieren (s. Kap. 5.1) (vgl. Pleil, 2010: 38f.). Grundlegend sollte sich jedes Unternehmen die Fragen stellen, welche Ziele es mit dem Social-Media-Auftritt verfolgt, ob die Strategie damit übereinstimmt, ob und wie das Unternehmen die gewünschten Zielgruppen erreicht, ob die technischen Voraussetzungen stimmen und ob die vorhandenen Ressourcen (Mitarbeiter, Finanzen, Arbeitszeit) tatsächlich für den geplanten Einsatz ausreichen.

Die beste Social-Media-Strategie kann jedoch nicht greifen, wenn die übrigen Grundvoraussetzungen, wie Unternehmenskultur und Führungsstil, nicht mit Social Media kompatibel sind. Darüber hinaus sind Unternehmen für einen erfolgreichen Social-Media-Auftritt immer auch auf die Kooperation der Organisationsmitglieder angewiesen.

Unternehmenskultur und Führungsstil

Die Übereinkunft über gemeinsame Einstellungen, Normen und Werte ist die Basis der Unternehmenskultur, die das Handeln, das Verhalten und die Entscheidungen der Unternehmensmitglieder bestimmt (vgl. Gabler Wirtschaftslexikon, 2012b). Dabei liegt es in der Regel in der Verantwortung des Managements diese kulturschaffenden Grundelemente festzulegen, zu kommunizieren und zu implementieren. PLEIL (2010: 33f.) sieht eine enge Verbindung zwischen der Unternehmenskultur und der Zufriedenheit sowie der Motivation der Mitarbeiter. „Für eine positive Unternehmenskultur gilt es insbesondere fünf Erfolgsfaktoren zu beachten: Glaubwürdigkeit, Respekt, Stolz, Fairness, Teamorientierung." (Pleil, 2010: 33). Die Unternehmenskultur bildet den Handlungsrahmen für die Maßnahmen der Unternehmenskommunikation (vgl. Gabler Wirtschaftslexikon, 2012b) und als Folge davon auch für das Social-Media-Engagement des Unternehmens. Unternehmen müssen überprüfen, ob ihre Unternehmenskultur und ihre etablierten Werte, Normen und Einstellungen mit dem Social-Media-Einsatz vereinbar sind oder nicht. So sind Organisationen, die eine flache Hierarchie besitzen und in der eine direkte, offene Kommunikation vorherrscht, augenscheinlich besser auf den Social-Media-Einsatz vorbereitet als Unternehmen mit steilen Hierarchien. (vgl. BVDW, 2011: 37f.; Pleil, 2010:32ff.)

Social Media erfordert Vertrauen. Das Management eines Unternehmens muss all denjenigen Mitarbeitern, die im Namen des Unternehmens kommunizieren, entsprechendes Vertrauen entgegenbringen. Basis für das Social-Media-Engagement ist somit ein offener, kooperativer Führungsstil, der die Mitarbeiter eigenverantwortlich agieren lässt. Dabei findet besonders im B2B-Bereich der Dialog in den sozialen Medien nicht mehr ausschließlich über die Marketing- und Kommunikationsspezialisten des Unternehmens statt, sondern auch über die Produktexperten selbst (vg. Pleil, 2010: 38). Somit muss das Management mit der „neuen Form der *demokratischen Information und Kommunikation*" (BVDW, 2011: 38) umgehen können. Hierarchisch und autoritär geprägte Organisationen müssen entsprechend umdenken, wenn sie aktiv und erfolgreich an Social Media partizipieren wollen. Während die Corporate Language in den klassischen Medien auch mithilfe der *One-Voice-Policy* noch durchzusetzen war, verlangen die sozialen Medien die bidirektionale Kommunikation sowie einen authentischen und menschlichen Dialog. (vgl. BVDW, 2011: 37f., Pleil, 2010: 35f.)

Mitarbeiter und Mitarbeiterkommunikation

Wie bereits erwähnt „stehen Unternehmenskultur und Arbeitszufriedenheit, -motivation und -qualität der Mitarbeiter im engen Zusammenhang" (Pleil, 2010: 33). Eine positive Haltung der Mitarbeiter gegenüber dem eigenen Unternehmen spiegelt sich in der Kommunikation nach außen wider und macht die Mitarbeiter damit zu Botschaftern des Unternehmensimages. Ebenso bleiben Unstimmigkeiten innerhalb der Organisation in der externen Kommunikation selten unbemerkt und können in den Augen der (externen) Anspruchsgruppen zu einem Verlust an Authentizität, Vertrauen und Ansehen führen. (vgl. Pleil, 2010: 37f.)

Die Mitarbeiterkommunikation leistet hier einen wesentlichen Beitrag, indem sie die Identifikation mit dem Unternehmen sowie die Loyalität, Einsatzbereitschaft und Motivation der Mitarbeiter fördern kann (s. Kap. 2.2; vgl. Einwiller et al., 2008: 227f.). Diesbezüglich spielen Aspekte wie Vertrauen, ein partizipativer Führungsstil und eine offene Kommunikationskultur eine wichtige Rolle, die für einen Social-Media-Einsatz unerlässlich sind. Ein unterstützendes Element kann die Integration von Social-Media-Anwendungen im Rahmen der internen Kommunikation im eigenen Unternehmen sein, um den Austausch untereinander und damit den Informationsfluss zu fördern (z. B. über Mitarbeiter-Blogs, Wikis oder soziale „Firmen"-Netzwerke wie Yammer.com).

Trotz der Potenziale, die diese Anwendungen auch für die interne Unternehmenskommunikation haben, stellt HETTLER (2010: 80) fest, dass das „bloße Bereitstellen von Web2.0-Services und Social Media im Unternehmen [nicht genügt], um die angestrebten Ziele zu erreichen." (Hettler, 2010: 80). Für die interne Kommunikation gilt hier das gleiche wie für die externe Kommunikation: Um die Anwendungen und Services im Unternehmen zu implementieren, müssen die Organisationsmitglieder in der Nutzung dieser Technologien sowie im Umgang mit den sozialen Medien geschult und ein gewisses Maß an Akzeptanz für das Social-Media-Engagement geschaffen werden (vgl. Pleil, 2010: 38f.). Eine nützliche Orientierungshilfe können in diesem Zusammenhang ggf. Social-Media-Guidelines darstellen, die die Mitarbeiter im Umgang mit den sozialen Medien unterstützen.

3.2.2 Bedingungen im Medienumfeld

Für eine erfolgreiche Partizipation im Social Web müssen zusätzlich die Bedingungen im Medienumfeld berücksichtigt werden. Nachfolgend werden der Wandel in der Medienwelt und Grundsätze für Social-Media-Inhalte thematisiert.

Medialer Wandel

Die Medienlandschaft hat sich neben den klassischen Medien (Zeitung, Radio und Fernsehen) und nach den Online-Medien (Online-Publikationen) nun noch um die sozialen Medien erweitert. Lothar Rolke und Johanna Höhn sagen in ihrer Studie „Mediennutzung in der Webgesellschaft 2018" (zitiert nach: Schindler/Liller, 2012: 45) ein Sinken der Leserschaft für Tageszeitungen voraus. Danach werden 30% der Leser bis 2018 zugunsten von Online-Angeboten abwandern. Diese These wird durch die stetig sinkenden Auflagenhöhen der Tageszeitungen gestützt (vgl. Abb. 9).

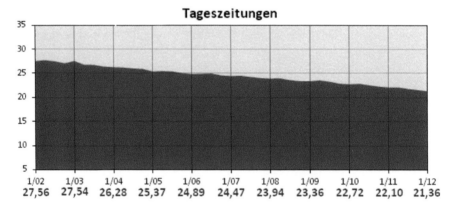

Abbildung 9. Entwicklung der Verkaufsauflage deutscher (Tages-)Zeitungen im Zeitraum von 2002 bis 2012 (in Mio. Stk.)[29]

Die dargestellten Zahlen beziehen sich auf das jeweils 1. Quartal eines Jahres und zeigen das stete Sinken der gedruckten Zeitungsauflagen. Laut IVW sind die Verkaufszahlen bei den e-Paper-Auflagen der Tageszeitungen dagegen ansteigend (vgl. IVW, 2012). Die Angebote in der Medienwelt werden nicht komplett verdrängt, sind aber einem Wandel unterzogen, indem sich die vorhandenen Medien an die neuen Gegebenheiten anpassen (müssen) (vgl. Schiller/Liller, 2012: 45ff.), wie der Anstieg der e-Paper-Angebote der Tageszeitungsverlage verdeutlicht.

---

[29] Entnommen aus: IVW, 2012

Social Media bildet diesbezüglich ein weiteres Gegengewicht zur klassischen Anzeige oder zur platzierten Unternehmensmitteilung in Zeitungen und Zeitschriften (z. B. Special-Interest-Medien für den B2B-Bereich). Unternehmen können dabei selbst die Schwerpunkte ihrer Berichterstattung bestimmen, Fachthemen – besonders in B2B – ansprechen und relevante Inhalte dazu publizieren, um sich damit einen Ruf in der Fachwelt zu erarbeiten (vgl. Pleil, 2010: 39f.).

Im Sinne eines ganzheitlichen Unternehmensauftritts sollte man die klassischen und Online-Medien jedoch nicht gegenüber den sozialen Media vernachlässigen.

Social-Media-Inhalte

Um im Social Web erfolgreich publizieren zu können, müssen die Inhalte entsprechend aufbereitet werden. Im Gegensatz zur klassischen Pressearbeit werden in den sozialen Medien andere Themenkomplexe angesprochen. Es geht weniger um Unternehmensbotschaften aus dem Tagesgeschäft, Produktmitteilungen oder werbeähnliche Nachrichten als vielmehr um relevante Neuentwicklungen in der Branche oder in einem Fachgebiet sowie die Möglichkeit einer fachlichen Diskussion. Neben dieser inhaltlichen Anpassung der Themen müssen die Meldungen sowohl auf technischer Seite, etwa durch Tags, verändert werden. Je nach Kommunikationskanal, über den die Nachricht veröffentlicht werden soll, muss auch die Länge der Botschaft angepasst werden. Eine Meldung kann auf einem Corporate-Blog beispielsweise länger ausfallen als auf Twitter, das als Microblog nur Kurzmeldungen mit einer begrenzten Zeichenzahl zulässt. (vgl.Pleil, 2012: 40f.)

3.3 Social-Media-Anwendungen

Social-Media-Anwendungen sind webbasierte Technologien, die als Social Software den Hauptkern der sozialen Medien darstellen und Interaktion im Web 2.0 ermöglichen. Kapitel 3.3 stellt verschiedene Erscheinungsformen vor, die für B2B-Unternehmen relevant sind. Abbildung 10 gibt einen ersten Überblick über wichtige Anwendungen für diesen Bereich.

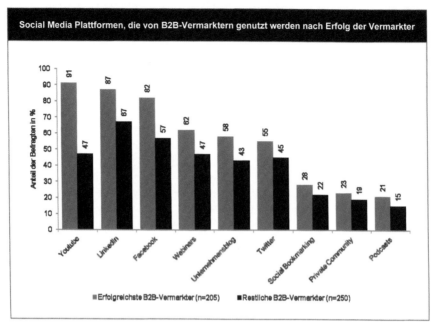

Abbildung 10. Nutzung von Social-Media-Plattformen von B2B-Vermarktern weltweit[30]

3.3.1 Soziale Netzwerke

Ein **soziales Netzwerk** oder auch Social Network „bezeichnet eine Struktur, die aus miteinander durch Kommunikation und Interaktion verbundene Knoten" (Hettler, 201054) im Internet existiert. Dabei können die Verbindungen in der Netzgemeinschaft von einer losen Bekanntschaft über enge Freundschaften bis hin zu familiären Beziehungen reichen[31] (vgl. Hettler, 2010: 54; Grabs/Bannour, 2011: 207). Die bekanntesten und wichtigsten Portale aus Unternehmenssicht in Deutschland sind: *Facebook* (ca. 900 Mio. Mitglieder weltweit, Stand: Mai 2012), *Google+* (250 Mio. Mitglieder (weltweit, Stand 27.06.2012) sowie die Business-Netzwerke *LinkedIn* (175 Mio. Nutzer weltweit, Stand: August 2012) und *XING* (12,1 Mio. Nutzer weltweit; 5,51 Mio. Nutzer im deutschsprachigen Raum (14.05.2012) (vgl. Social Media Statistiken, 2012; Greif, 18.07.2012; LinkedIn, 2012; XING, 2012). Ein weiteres soziales Netz-

---

[30] Entnommen aus: Statista.com (2012c)
[31] Hettler spricht in diesem Zusammenhang von „Beziehungs- und Kommunikationsnetzwerken (Soziale Netzwerke i. e. S.)" (Hettler, 2010: 55), die die Kommunikation und den Informationsaustausch zum Ziel haben (z. B. XING, LinkedIn, Facebook, MySpace, Google+). Im Gegensatz dazu gibt es „Publikationsnetzwerke (Soziale Netzwerke i. w. S.)" (Hettler, 2010: 55), in denen – auf der Basis des UGC – Inhalte veröffentlicht und geteilt werden (z. B. YouTube, Twitter, MyVideo) (vgl. Hettler, 2010: 55). Letztere werden unter Punkt 3.3.1 nicht weiter ausgeführt, da sie an anderer Stelle ausführlich besprochen werden.

werk, das hier erwähnt werden soll, ist *Yammer*. Es handelt sich hierbei um ein speziell für die interne Unternehmenskommunikation konzipiertes Firmen-Netzwerk mit derzeit über 200.000 Mitgliedsunternehmen weltweit (vgl. Yammer, 2012; Spiegel Online, 25.06.2012).

Ein zentrales, gemeinsames Element, das alle sozialen Netzwerke auszeichnet, sind die personalisierten Profile der Nutzer, die bei einer Registrierung angelegt werden müssen. Die Profile können mit verschiedenen persönlichen Informationen vervollständigt werden: z. B. Geburtsdatum, Wohnort, Familienstand, Ausbildung, Arbeitgeber, Hobbys, Vorlieben, Abneigungen, Fotos, Videos usw. Je nach Netzwerk können darüber hinaus verschiedene Datenschutzeinstellungen[32] gewählt werden, die regeln, welche Informationen öffentlich oder ausgewählten Gruppen zugänglich sind. Die Mitglieder eines Netzwerkes können sich Nachrichten schicken, Mitteilungen und Kommentare auf der Profilseite eines Kontakts hinterlassen, miteinander chatten und ihre Statusmeldungen[33] aktualisieren. Gleichzeitig werden die Nutzer zeitnah über Änderungen in den Statusmeldungen ihrer Kontakte informiert. (vgl. Weinberg, 2012: 217f.; Hettler, 2010: 57)

Unternehmen können die Funktionalitäten der sozialen Netzwerke ebenfalls nutzen und dort Firmen- und Produktseiten erstellen. Je nach ausgewähltem Netzwerk können die Zielsetzungen leicht differieren. Facebook und Google+ sind als Portale für alle Nutzer sowohl für die private als auch geschäftliche Nutzung gedacht. Für viele Unternehmen im B2C-Bereich sind diese Portale attraktiv, weil sie direkt mit ihrer Zielgruppe in Dialog treten und in den Netzwerken viele Informationen sammeln können, die etwa für die Marktkommunikation und Public Relations wichtig sind. Unternehmen profitieren einerseits von relevanten Inhalten auf ihrer Profilseite, indem Journalisten für Recherchezwecke auf die publizierten Informationen zurückgreifen. Andererseits ziehen sie „Fans" an (z. B. ergänzt durch Spiele, Gewinnspiele, das Teilen spezieller Anwendungen/Apps etc.), die – etwa durch das drücken des „Gefällt mir"-Buttons auf Facebook – andere Nutzer auf das Profil und seine Inhalte aufmerksam machen. Des Weiteren erhöhen zusätzliche Verlinkungen zwischen Webseiten die Auffindbarkeit des Unternehmens und dessen Ranking in den Suchmaschinen (Stichwort: Suchmaschinenoptimierung) und sind damit ein wichtiges Element für das Social-Media-Marketing (SMM). Unternehmen können ferner in den sozialen Netzwerken direkt Werbung schalten. Über Facebook haben Unternehmen darüber hinaus die Möglichkeit, in ihre Profilseite einen vollfunktionierenden Shop zu integrieren. (vgl. Weinberg, 2012: 244ff.; Schindler/Liller, 2012: 118f.)

Damit bieten soziale Netzwerke für B2C- und B2B-Unternehmen gleichermaßen die Möglichkeit zum Dialog und zum Imageaufbau durch eine authentische Selbstdar-

---

[32] In diesem Zusammenhang muss jedoch angemerkt werden, dass der Datenschutz und die Datensicherheit immer wieder Anlass zu Diskussionen gibt. Problematisch wird es, wenn private Informationen ungewollt – sei es aus eigenem oder fremdem Verschulden – veröffentlicht werden und dem Nutzer daraus ggf. Nachteile entstehen oder wenn die Daten für kommerzielle Zwecke missbraucht werden.
[33] Die Statusmeldungen in den sozialen Netzwerken entsprechen im Grunde einer Microblogging-Nachricht (s. Kap. 3.3.3) (vgl. Hettler, 2010: 46).

stellung von Unternehmen. Grundsätzlich können viele Funktionen der sozialen Netzwerke gleichermaßen im B2C- und B2B-Bereich eingesetzt werden, doch unterscheiden sich die Themen für die Kundenansprache und für die Medienarbeit sowie die Ansätze in der Marktkommunikation.

Trotz der Marktführerschaft von Facebook mit 900 Mio. Nutzern weltweit, ist Google+ bei der Nutzungsentscheidung nicht zu vernachlässigen. Google+ profitiert durch die direkte Anbindung an die unternehmenseigene Suchmaschine Google. Dadurch haben Unternehmen mit einem Google+-Profil im Ranking der Google-Suchmaschine unter SEO-Gesichtspunkten Vorteile gegenüber Unternehmen ohne Google+-Profil. (vgl. Rien, 2012; Meyer, 24.08.2011; Weinberg, 2012: 269)

Die Business-Netzwerke XING[34] und LinkedIn werden speziell für berufliche Zwecke genutzt, um neue Geschäftskontakte zu knüpfen und bestehende Kontakte zu pflegen – auch über einen Stellenwechsel hinaus. XING und LinkedIn bieten darüber hinaus eigene Stellenmärkte. Zusätzlich haben Unternehmen die Möglichkeit über XING klassisch zu werben. Die Netzwerke sind hilfreich, um die richtigen Ansprechpartner in Unternehmen ausfindig zu machen und persönlich ansprechen zu können. Neben der Möglichkeit eine eigene Profilseite zur Unternehmenspräsentation zu erstellen können sich Nutzer verschiedenen Gruppen anschließen und sich in Diskussionsforen einbringen. Besonders die Foren bieten die Chance sich als Experte in einem bestimmten Fachgebiet zu erweisen und das eigene Wissen mit (potentiellen) Mitarbeitern und Kooperationspartnern zu teilen. Somit ist der Dialog innerhalb des Netzwerks – anders als bei Facebook und Google+ – nicht auf Endkunden ausgerichtet. (vgl. Weinberg, 2012: 256ff.; Schindler/Liller, 2012: 122f.; Huber, 2010: 68f.)

3.3.2 Blogs

Blog ist eine Kurzform von *Weblog* (= World Wide *Web* + *Log*[35]) und beschreibt eine Webseiten-Sonderform, die – meist von der Öffentlichkeit einsehbar – chronologisch im Stil eines Tagebuchs gepflegt wird. Das Blog verkörpert sozusagen den Ursprungsgedanken des Web 2.0. Internetnutzer generieren selbst Inhalte (Texte, Bilder, Videos) und publizieren diese mithilfe von Open-Source-Software. Die Informationen werden auf diese Weise mit anderen Internetnutzern geteilt, die über die Kommentarfunktion ihre Meinung äußern und Diskussionen anstoßen können. Dieser letzte Punkt macht den großen Unterschied zwischen einer Webseite und einem Blog aus. Die Vernetzung der Blogs untereinander über Permalinks[36], Trackbacks[37] und RSS-Feeds[38] för-

---

[34] Die Nutzung der vollen Funktionalitäten ist bei XING kostenpflichtig. Die anderen Netzwerke finanzieren sich durch Werbung bzw. durch den Verkauf von Mitgliedsdaten, was besonders Facebook immer wieder in die Schlagzeilen gebracht hat und die Frage nach dem Datenschutz in sozialen Netzwerken stets von neuem aufwirft.

[35] engl. für „Tagebuch"

[36] Ein Permalink ist ein Link, der eine eigene, feste URL besitzt und damit im Internet wiedergefunden werden kann. Ein Blogbeitrag, lässt sich mithilfe des ihm zugewiesenen Permalinks, leichter verbreiten, weiterempfehlen und auf andere Seiten verlinken (vgl. Seidel, 2009: 5)

dert darüber hinaus die virale Verbreitung von Inhalten. (vgl. Seidel, 2009: 3; Huber, 2010: 31f.; Weinberg, 2012: 119ff., Grabs/Bannour, 2011: 125)

Seit 2006 steigt die Zahl der Blogs weltweit stetig: von 35,8 Mio. auf 173 Mio. im Jahr 2011 (s. Abb. 11).

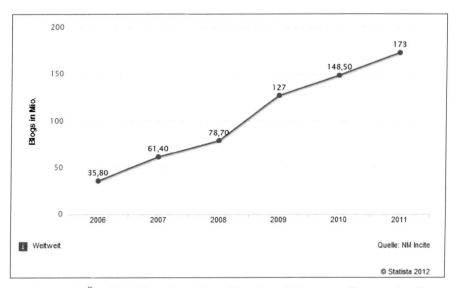

Abbildung 11. Überblick über die zahlenmäßige Entwicklung von Blogs weltweit von 2006 bis 2011 (in Mio., jeweils Oktober)[39]

Unternehmen folgen zunehmend dem Beispiel der privaten Blogs. Die Zahl der deutschen unternehmenseigenen Blogs, sog. *Corporate-Blogs,* liegt dabei nach letzten Angaben aus dem Jahr 2008 bei ca. 3.000 Blogs (vgl. Seidel, 2009: 10). Unternehmen nutzen dabei Corporate-Blogs als Kommunikationskanal und verbreiten darüber ihre Inhalte und pflegen den Dialog mit den Stakeholdern. Corporate-Blogs können grundsätzlich sowohl extern zur Marktkommunikation und zu Public Relations-Zwecken als auch intern zur Mitarbeiterkommunikation (vgl. Huber, 2010: 160f.) eingesetzt werden. Sie ermöglichen eine bidirektionale Kundenkommunikation und/oder können in der PR für eine verbesserte Zusammenarbeit mit den Medien genutzt werden. Durch die Kommentarmöglichkeiten werden Blogs zu modernen Marktforschungsinstrumenten. Intern unterstützen Corporate-Blogs darüber hinaus das Wis-

---

[37] „Ein Trackback oder Pingback ist eine Benachrichtigung an einen Webpublisher, dass jemand einen Link auf seinen Artikel eingerichtet hat." (Weinberg, 2012: 139)
[38] *RSS* steht für *Really Simple Syndication.* „RSS-Feeds sind Dokumente, die Zusammenfassungen relevanter Inhalte von Websites enthalten" (Weinberg, 2012: 120) und von Nutzern abonniert und gebündelt mithilfe eines RSS-Readers im Browser oder per E-Mail gelesen werden können sowie automatisch aktualisiert werden (vgl. Weinberg, 2012: 120).
[39] Entnommen aus: Statista.com (2012d)

sensmanagement innerhalb des Unternehmens. (vgl. Seidel, 2009: 10ff.; Grabs/Bannour, 2011: 127f.)

Corporate-Blogs lassen sich nach ihrer Funktion unterteilen. Die bekanntesten Blogs sind Produkt- und Markenblogs, die primär die unternehmenseigenen Produkte, Programme und Leistungen thematisieren und etwa durch ein entsprechendes Kundenbeziehungsmanagement (z. B. Support bei Problemen) und der Neukundengewinnung zur Wertschöpfung des Unternehmens aber auch zur Marktforschung beitragen (vgl. Seidel, 2009: 23ff.). Besonders für B2B-Unternehmen scheint ein Produkt-Blog gut geeignet, da sie häufig erklärungsbedürftige Produkte vertreiben und damit direkt mit den Kunden in Kontakt treten können.

Darüber hinaus werden vielfach Kampagnen-Blogs im Rahmen der Unternehmenskommunikation eingesetzt. „Das Kampagnen-Blog ist ein crossmediales Kommunikationsinstrument, welches parallel zu einer Kampagne läuft und vorab über eine startende Kampagne informiert." (Seidel, 2009: 20). Ein Kampagnen-Blog kann beispielsweise auf eine Crowdsourcing-Aktion aufmerksam machen oder etwa in Verbindung mit einer Fernsehkampagne eingesetzt werden und durch die Einbindung des Kunden dessen Beziehung zum Unternehmen stärken (vgl. Seidel, 2009: 20). Hier liegen die Vorteile für den Einsatz im Endkundengeschäft eher auf der Hand als im Geschäftskundenbereich. Grundsätzlich ist das Blog jedoch auch für den B2B-Bereich geeignet, muss jedoch den jeweiligen Branchengegebenheiten angepasst werden.

Die letzte Form eines Corporate-Blogs, die ausführlicher dargestellt wird, ist der CEO-Blog[40]. Dieses Blog wird von der Unternehmensleitung geführt. Dabei äußert sich das Management zu spezifischen Themen, z. B. Entwicklungen in der Branche, unternehmensrelevante Themen oder auch private Ereignisse und verleihen damit ihrem Unternehmen Persönlichkeit und Authentizität (vgl. Seidel, 2009: 14f.). Dies gilt sowohl für B2C- als auch für B2B-Unternehmen.

Grundlegende Punkte für Social Media und damit auch für Weblogs sind Offenheit, Authentizität und Glaubwürdigkeit. In ihrer Studie über „Die Glaubwürdigkeit von Corporate Weblogs aus der Sicht der Blogger-Community" stellen NAAB et al. (2009) fest, dass in der Wahrnehmung von Corporate-Blogs verglichen mit privaten Blogs ein Glaubwürdigkeitsdefizit besteht. Dieses gründet sich auf das Verständnis der Blogger-Gemeinschaft vom Blog als basisdemokratisches, nichtkommerzielles Medium, was das Corporate-Blog als Mittel der Unternehmenskommunikation nicht mehr darstellt. Demgegenüber zweifeln die Blogger weniger stark an der Professionalität und der Kompetenz der Betreiber der Corporate-Blogs und an deren Inhalten. (vgl. Naab et al., 2009: 19ff.)

---

[40] Neben den genannten Formen gibt es weitere Blog-Varianten: Knowledge-Blogs zum Wissenstransfer zwischen Mitarbeitern, Service-Blogs zur besseren Kommunikation zwischen Unternehmen und Kunden (durch Zusatzinformationen über Unternehmen und Produkte), Themen-Blogs, Kollaborations- oder Projektblogs, Customer-Relationship-Blogs und Krisen-Blogs. (vgl. Seidel, 2009: 18ff.)

Der Einsatz eines Blogs birgt durch den offenen Dialog sowohl Chancen als auch Risiken. Die nachfolgende Tabelle zeigt im Überblick Möglichkeiten und Gefahren der Corporate-Blogs (vgl. Seidel, 2009: 27ff., Huber, 2010: 38f., Grabs/Bannour: 2011: 171).

Tabelle 3. Überblick über Chancen und Risiken durch Nutzung eines externen Corporate-Blogs

Chancen durch Corporate-Blogs	Risiken durch Corporate-Blogs
• keine/geringe Anschaffungskosten	• hohe Instandhaltungskosten durch notwendigen Personal- und Zeitaufwand
• einfache Implementierung	• Notwendigkeit zur fortlaufenden Aktualisierung der Inhalte
• aktuelle Dialoge zu aktuellen Themen	• Entwicklung von Social-Media-Guidelines und regelmäßige Schulungen der Mitarbeiter
• Möglichkeit der 1:1-Kommunikation	• Erwartung schneller Antworten und Reaktionen durch die Nutzergemeinde
• positive Effekte auf Auffindbarkeit und Ranking in Suchmaschinen	• Aufwand zur Bekanntmachung und Verbreitung des Blogs
• globale Verbreitung über das Internet	• Verlust der Kommunikationsmacht
• Neukundengewinnung über Leser	• Blogspam
• wirkungsvolles Instrument des Issue Managements (z. B. zum frühzeitigen Erkennen von Problemen und Krisen)	• Gefahr von negativen Kommentaren auf dem Blog bis hin zur Blockierung des Blogs durch Shitstorms
• wertvolles Instrument für die Marktforschung (z. B. zum Erkennen von Trends)	• Monitoring-Pflicht

Insofern ausreichende personelle und zeitliche Ressourcen zur Verfügung stehen, ist ein Corporate-Blog im B2B-Bereich als ergänzendes Instrument der Unternehmenskommunikation extern und/oder intern nützlich. Das Blog muss jedoch zur Unternehmenskultur und zur allgemeinen Kommunikationsstrategie sowie der avisierten Zielgruppe passen, um erfolgreich sein zu können.

3.3.3 Microblogs

Bei einem **Microblog** handelt es sich um eine Variante des Weblogs, bei dem Nachrichten als SMS-ähnliche Nachrichten gepostet werden. Da der erlaubte Umfang der Nachricht, je nach Dienst, zwischen 140 und maximal 200 Zeichen liegt, werden diese Blogs Microblogs genannt. Die Nachrichten können über verschiedene Kanäle erstellt und abonniert werden: SMS, Instant-Messaging, Apps, Website, Widgets, Webbrowser-Plug-ins und E-Mail. Die Postings sind je nach Zuordnung öffentlich für alle zugänglich oder richten sich als private Nachrichten an bestimmte Nutzer. Die Veröffentlichungen werden, wie in einem Blog, in chronologischer Reihenfolge sortiert, wobei der jüngste Eintrag ganz oben in der Liste zu finden ist. Der bekannteste Microblogging-Dienst weltweit ist Twitter. (vgl. Hettler, 2010: 45f.; Huber, 2010: 110f.; Grabs/Bannour, 2011: 176)

Für B2B- und B2C-Unternehmen ist Twitter damit der relevanteste Microblogging-Dienst und wird im Folgenden in seinem Nutzen für die Unternehmenskommunikation dargestellt. Unternehmen haben die Möglichkeit, in Echtzeit mit ihren Kunden offen, direkt und auf gleicher Augenhöhe über Twitter-Nachrichten (*Tweeds*) zu kommunizieren und dadurch eine persönliche Kundenbeziehung aufzubauen (vgl. Grabs/Bannour, 2011: 173ff.). Twitter erleichtert damit den Kundendialog unter Serviceaspekten, den Kundensupport[41] und im Rahmen der Vertriebsarbeit, z. B. die Neukundenakquise. Über den Microblog kann man sich durch entsprechende Tweeds als Experte zu einem bestimmten Themengebiet etablieren, interessante Informationen und ergänzende Links teilen und dadurch wiederum neue „Follower" gewinnen, die potentielle Neukunden darstellen. Aber auch die Rückmeldung durch Kunden zu Produkten oder zum Unternehmen selbst ist für das Unternehmen wichtig. Firmen haben über Twitter die Möglichkeit, die eigene Bekanntheit zu steigern und ihre Marke öffentlich zu stärken. Dies wird ferner unterstützt durch die Anbindung von Twitter an die gängigen Suchmaschinen. Ein Twitter-Account ist damit eine weitere Möglichkeit über die Verbreitung von Links im Rahmen des SMM unter den relevanten Suchergebnissen zu einem Thema, Produkt oder Service möglichst weit vorne zu erscheinen. Ein Social-Media-Engagement auf Twitter setzt immer Offenheit, Transparenz, Authentizität und Schnelligkeit voraus. Da Aspekte wie Offenheit und Transparenz für alle Mitglieder gelten, ermöglicht Twitter die Analyse der Wettbewerber und ggf. auch die Orientierung an Best-Practice-Lösungen (Benchmarking). (vgl. Grabs/Bannour, 2011: 174ff.; Weinberg, 2012: 173ff.)

Unternehmen, die sich auf ein bestimmtes Themen- und Wissensgebiet beschränken, haben durch Microblogging die Möglichkeit sich u. a. gegenüber der Konkurrenz entsprechend zu Positionieren (vgl. Hettler, 2010: 50). Wenn B2B-Unternehmen gezielt ihre branchenspezifischen Kenntnisse und Themen einsetzen, kann Microblogging durchaus je nach Unternehmensausrichtung und -strategie sinnvoll sein.

3.3.4 Video- und Bildportale

Aufgrund der hohen Resonanz im Zusammenhang mit der Nutzung von *YouTube* als Social-Media-Plattform weltweit, werden in Kapitel 3.3.4 die Bild- und Videoportale angesprochen, wobei der Schwerpunkt auf den Videoportalen und im Speziellen auf dem Dienst YouTube[42] liegt.

---

[41] Die Telekom hat etwa unter „@Telekom_hilft" einen eigenen Account für den Kundendienst eingerichtet, der sich mit allen Fragen rund um Telekomprodukte beschäftigt (vgl. Weinberg, 2012: 175ff.).
[42] Weitere bekannte Videoportale neben YouTube sind z. B. MyVideo oder Clipfish (vgl. Weinberg, 2012: 388).

Ein **Videoportal** ist eine Webseite, auf der Videos bereitgestellt werden, um sie mit anderen Nutzern zu teilen. Diese können die Videos ansehen, herunterladen und/oder über einen Link in andere Webseiten integrieren. Dabei können Videoportale wie YouTube als Online-Communitys ähnliche Elemente und Funktionalitäten aufweisen wie soziale Netzwerke (s. Kap. 3.3.1). Die selbstproduzierten Videos, die auf YouTube eingestellt werden, lassen wieder das Prinzip des UGC deutlich werden. Es müssen jedoch technische und gesetzliche Richtlinien beachtet werden, wenn es um das Hochladen von Videos geht. Besonderes Augenmerk liegt hier auf der Wahrung der Urheberrechte Dritter.

Die auf YouTube eingestellten Videos können kommentiert werden und ermöglichen somit den Dialog zwischen Produzent und Konsument. Man kann einen Kanal abonnieren und wird damit in die Verteilerliste aufgenommen (vgl. YouTube, 2012). Diese Funktion ermöglicht es Unternehmen, firmeneigene Videos zu publizieren, an die Fangemeinde zu verteilen und sich mit ihr auszutauschen. Den viralen Effekt, den eine Kampagne annehmen kann, zeigt das Eingangsbeispiel aus der Einleitung. Das Video wurde nicht nur in Belgien sondern weltweit abgerufen. (vgl. Hettler, 2010: 63f.); Weinberg, 2012: 377ff.)

B2B-Unternehmen haben YouTube bereits als Portal für die Präsentation ihrer erklärungsbedürftigen Produkte erkannt und nutzen die Möglichkeit etwa Produktvideos oder Videogebrauchsanweisungen zu drehen, das Unternehmen über Video-Podcasts vorzustellen und dies kostenfrei auf dem Portal zu veröffentlichen. Daneben setzen Unternehmen YouTube vermehrt im Rahmen des Employer Brandings ein. Der Erfolg der Videos lässt sich auf YouTube über das kostenfreie Tool „YouTube Analytics" messen. (vgl. Weinberg, 2012: 388)

Ein **Bildportal** ist eine Webseite, auf der – ähnlich wie bei einem Videoportal – Bilder und eingeschränkt auch Videos online gestellt und geteilt werden. Das bekannteste Portal ist *Flickr*. Flickr ist ebenfalls eine Online-Community und weist Elemente sozialer Netzwerke auf, da zuerst ein Profil angelegt werden muss, um Bilder hochladen zu können. Anders als auf YouTube kann man jedoch Rechte vergeben und entscheiden, ob ein Bild privat oder öffentlich einsehbar sein soll. Private Bilder können dann nur von Mitgliedern eingesehen werden, die zuvor als Freunde oder Familienmitglieder hinzugefügt wurden. (vgl. Hettler, 2010: 62f.)

Auch Unternehmen können Flickr nutzen und dadurch z. B. ihren Kunden Bildmaterial über neue Produkte zur Verfügung stellen oder in Form eines Bildblogs über aktuelle Ereignisse im Unternehmen oder über Events berichten. Eine deutlich kommerzielle Tendenz in der Fotopräsentation ist jedoch in der Community nicht erwünscht. Ähnlich wie bei YouTube bietet auch Flickr die Möglichkeit, die Abrufe der eingestellten Bilder über Statistiken einzusehen. Auch wenn eine kommerzielle Fotopräsentation nicht erwünscht ist, haben Unternehmen dagegen wiederum über Flickr die Möglichkeit, Bilder der Community für eigene kommerzielle Zwecke zu nutzen. (vgl. Weinberg, 2012: 372ff.)

Abbildung 10 verdeutlicht, dass Videoportale, insbesondere YouTube, in der Social-Media-Nutzung von B2B-Unternehmen bevorzugt werden.

3.3.5 Webinare

Eine weitere Anwendung, die hier aufgrund ihrer Bedeutung für B2B-Unternehmen erwähnt werden soll, sind sog. Webinare. Dabei handelt es sich um Seminare, die webbasiert durchgeführt werden und damit, anders als Präsenzseminare, von örtlichen und räumlichen Restriktionen befreit sind. Interessenten können etwa von ihrem eigenen Arbeitsplatz aus an einem Webinar teilnehmen. „Basis dieser Anwendungsfälle ist der Einsatz von technologischen Innovationen wie Videokonferenz, elektronisch unterstütztem Lernen oder Remote-Desktop." (Urban/ Carjell, 2011: 25).

URBAN/CARJELL (2011: 25) halten als wichtige Merkmale für Webinare fest, dass „die Veranstaltungsinhalte multimedial und interaktiv gestaltet [werden], der Kommunikationsprozess über digitale Netzwerke abgewickelt und oft durch begleitende Angebote oder Services (…) unterstützt [wird]."

Besonders Unternehmen im B2B-Bereich, die häufig erklärungsbedürftige Produkte produzieren und vertreiben, haben die Möglichkeit mithilfe von Webinaren ihre Produkte in kurzen Präsentationen (potentiellen) Kunden vorzustellen oder Bestandskunden im Umgang mit den Produkten zu schulen. Dabei ist die Zahl der Teilnehmer, die an solchen Seminaren teilnehmen können, theoretisch – im Gegensatz zu Präsenzseminaren, die meistens einer räumlichen Beschränkung unterliegen – unbegrenzt. Auch die Mindestteilnehmerzahl kann aufgrund geringerer Kosten (Wegfall von Raummiete, Catering, Reisekosten Referent etc.) gesenkt werden. Darüber hinaus kann das Unternehmen das Webinar beispielsweise aufzeichnen und Ausschnitte daraus, die Präsentation, wichtige Fragen, Kommentare etc. weiterverwenden und/oder für Maßnahmen des Online- und Social-Media-Marketings einsetzen. (vgl. Schindler/Liller, 2012: 211f.; Urban/Carjell, 2011: 25)

Für Teilnehmer sind Webinare wiederum eine kostengünstige und zeitsparende Alternative zu Präsenzveranstaltungen. Sie haben keine Anreise und Abreise, keine Übernachtungskosten und sind je nach Form des Webinars zeitlich flexibel (vgl. Urban/Carjell, 2011: 25).

Je nach Zweck können Unternehmen *aktive* oder *passive Webinare* einsetzen. Ein aktives Webinar findet zu einem bestimmten Termin statt und wird von einem Moderator live gehalten, dem die Teilnehmer beispielsweise im Webinar direkt Fragen stellen können. Dies geschieht häufig in schriftlicher Form per Chat, kann aber auch mündlich erfolgen, sofern die Teilnehmer nicht stumm geschaltet sind (z. B. aus technischen Gründen).[43] Bei passiven Webinaren haben die Teilnehmer keine „live"-Situation vor sich. Damit ist kein direkter Dialog mit dem Moderator möglich. Bei einer aufgezeichneten Präsentation, die als Webcast übermittelt wird und unidirektional abläuft (vgl. Durante et al., 2011: 267), ist es i. d. R. möglich, das Webinar zu unterbrechen und das gesamte Webinar bzw. Ausschnitte wiederholt anzusehen.[44] Dies ist ein Vorteil des passiven Angebots. Durch die Aufzeichnung eines aktiven Webinars kann dieses jedoch später auch als passives Webinar zur Verfügung gestellt werden. (vgl. Urban/Carjell, 2011: 25f.)

Die Beliebtheit von Webinaren im Rahmen des Social-Media-Einsatzes im B2B veranschaulicht nicht nur Abbildung 10, sondern zeigt sich ferner in einer älteren nordamerikanischen Studie aus dem Jahr 2009, in der 69,1% aller Befragten angaben, Webinare als Social-Media-Quelle für geschäftsrelevante Informationen zu nutzen (vgl. Hanna, 2009: 9). Die „Empirische Analyse zur Bekanntheit, Nutzungspotenzialen und -hürden webbasierter Seminare" von URBAN/CARJELL (2011) bestätigt diese Tendenz. Seinen Umfrageergebnissen[45] nach, haben alle Studienteilnehmer die an einem Webinar teilgenommen haben, dies aus beruflichen Gründen getan (92,68 %; vgl. Urban/Carjell, 2011: 40), was eine hauptsächliche Nutzung der Webinare im beruflichen Umfeld nahe legt. Es bleibt festzuhalten, dass Webinare ein wichtiges Instrument der Unternehmenskommunikation darstellen.

3.3.6 Sonstiges

Neben den in den vorangegangenen Kapiteln vorgestellten Anwendungen gibt es noch eine Vielzahl weiterer, von denen eine Auswahl hier noch Erwähnung finden soll: Social Bookmarking, Social News, Podcasts, Foren, Web-Community.

Social-Bookmarking-Seiten ermöglichen es dem Nutzer über Portale seine favorisierten Internetseiten zu markieren, sprich mit einem elektronischen Lesezeichen bzw. Bookmark zu versehen und zu speichern. Die Speicherung erfolgt dabei nicht im eigenen Browser, sondern online, so dass auf die Social Bookmarks von jedem Computer aus zugegriffen werden kann. Die Social Bookmarks können darüber hinaus mit Schlagwörtern (*Tags*) versehen und mit anderen geteilt werden. Social-Bookmarking-Seiten erhalten neben der reinen Dokumentationsfunktion von Lieblingsseiten durch die Verschlagwortung die Funktion einer Suchmaschine, da die Bookmarks bzw. Links je nach Ausmaß der Beliebtheit in eine entsprechende Rangreihung gebracht werden und diese im Web aufgrund der erhöhten Linkpopularität besser aufzufinden sind. Social Bookmarking kann für Unternehmen bezüglich einer Suchmaschinenoptimierung interessant sein, hat aber im SMM nicht oberste Priorität, da Social-Bookmarking-

---

[43] Diese Form des aktiven Webinars entspricht dem E-Learning Konzept des *Virtuellen Klassenzimmers* (vgl. Schaffner et al., 2001: 68).
[44] Diese Form des passiven Webinars kann man mit dem E-Learning-Konzept des *Web-based-Trainings* vergleichen (vgl. Schaffner et al., 2001: 67).
[45] Hier ist anzumerken, dass es sich aufgrund der Stichprobenauswahl um keine repräsentative Studie handelt.

Dienste die Verlinkung auf ausschließlich eigene kommerzielle Seiten nicht gerne sehen. (vgl. Weinberg, 2012: 307 & 312ff.; Heymann-Reder, 2011: 227f.)

Social-News-Seiten funktionieren ähnlich wie Social-Bookmarking-Seiten. Hierbei handelt es sich jedoch um Portale, auf denen anstelle von Lesezeichen Nachrichten eingestellt und gesammelt werden. Mitwirkende an den Social-News-Seiten sind in der Regel keine professionellen Medienschaffenden. Die Nutzer der Nachrichten-Community können über die gefundenen Beiträge abstimmen und entscheiden, ob der Beitrag interessant ist und verbreitet werden soll. Ein populärer Artikel auf einer Social-News-Seite kann dabei Traffic auf der dazugehörigen Webseite generieren und dadurch ein gewisses Maß an Öffentlichkeit erhalten. Für Unternehmen kann dies eine Möglichkeit sein, um durch interessante und witzige Artikel ihre Reichweite zu erhöhen und Aufmerksamkeit auf die eigene Webseite zu ziehen. (vgl. Weinberg, 2012: 338ff.; Heymann-Reder, 2011: 227 & 233)

Audio- und Video-**Podcasts** sind Sequenzen von Audio- und Videobeiträgen, die über das Internet kostenlos verbreitet und häufig über einen RSS-Feed abonniert werden können. Podcasting bezieht sich in diesem Zusammenhang auf das Produzieren und Teilen der Audio- und Videosequenzen als Informationsträger. Podcasts sind grundsätzlich vergleichbar mit Blogs. Typische Beiträge für einen Audio-Podcast sind „Interviews, Vorträge, Musik und Hörspiele" (Hettler, 2010: 51), während über Video-Podcasts primär „digitale Filme" (Hettler, 2010: 51) geteilt werden. Podcasts sind für die Unternehmenskommunikation geeignet, da sie „sehr zielgruppenspezifisch eingesetzt werden können" (Huber, 2010: 45) und die Abonnenten nicht an feste Ausstrahlungstermine gebunden sind. Über News-Feeds können die Podcasts überall und zu jeder Zeit nach Wunsch abgerufen werden. Dabei sind die Themen der Beiträge frei wählbar und können vom Unternehmen je nach Zielsetzung bestimmt werden (z. B. Mitarbeiterinterviews, Mitarbeitervorstellung, Event-Dokumentation, Kundenvideo etc.). Podcasts eigenen sich, wie die Beispiele zeigen, ähnlich wie Blogs sowohl zur internen als auch zur externen Unternehmenskommunikation. (vgl. Hettler, 2010: 51ff.; Huber, 2010: 45ff. & 56ff.)

Foren[46] sind für das Social-Media-Marketing unter dem Aspekt des Monitorings wichtig, da sich Kunden und Produktanwender der B2B-Unternehmen über diese Portale miteinander austauschen, Rat suchen, über die Produkte und über das Unternehmen sowie über relevante und aktuelle branchenspezifische Themen und Entwicklungen reden (vgl. Heymann-Reder, 2011: 145). Eine andere aktive Einsatzmöglichkeit zur Kundenbindung ist die Gründung eines eigenen Forums durch das Unternehmen, auf dem sich Interessenten und Kunden – ggf. unterstützt durch das Unternehmen – austauschen, beraten und informieren können (vgl. Heymann-Reder, 2011: 164).

---

[46] Eine weitere bekannte Social-Media-Plattform sind die Verbraucherportale. Diese werden hier jedoch nicht näher erläutert, da sie primär von Endkunden genutzt werden und daher verstärkt in den B2C-Bereich fallen.

Eine der bekanntesten Web-Communitys ist die Online-Enzyklopädie **Wikipedia**. Wikipedia ermöglicht es Nutzern, Artikel über „Menschen, Orte und Objekte" (Weinberg, 2012: 275) zu erstellen, die Relevanz besitzen. Dabei wird innerhalb der Community mit strengen Richtlinien Wert auf inhaltliche Qualität der Artikel gelegt. Für Unternehmen im B2B-Bereich kann Wikipedia hinsichtlich bestimmter Fachthemen interessant sein. Eine eigene Unternehmensdarstellung und Verlinkungen auf die Unternehmenswebseite sind in Wikipedia häufig schwer durchzusetzen, da die Community sehr streng in der Auslegung von Werbung ist. (vgl. Weinberg, 2012: 274ff.)

Abschließend sei hier der Vollständigkeit halber erwähnt, dass Unternehmen neben den hier aufgeführten Social-Media-Anwendungen nach einer aktuellen Studie von BITKOM auch **Wikis** und eigene **Online-Communitys** für die interne Unternehmenskommunikation und die Informations- sowie Wissenssammlung verwenden (vgl. BITKOM, 2012: 9). Diese werden an dieser Stelle jedoch nicht separat dargestellt.

3.4. Chancen und Risiken durch Social Media

Web 2.0 und die sozialen Medien beeinflussen die Gesellschaft, Wirtschaft und die Medienwelt gleichermaßen. Aktuelle Themen oder Skandale werden heute nicht mehr allein von den großen Tageszeitungen aufgegriffen, sondern können ihren Startpunkt auch im Social-Media-Umfeld haben und anschließend in die klassischen Medien gelangen. Durch Social-Media-Anwendungen entwickelt sich dadurch ein Gegengewicht zu den klassischen Gatekeeper-Medien[47].

Social Media verändert darüber hinaus das Verhalten der Nutzer und die Erwartungen an ihre Umwelt. Durch Social Media wird eine neue Form der Informationssuche möglich, sie stellen jedoch auch Anforderungen an die Nutzer und ändern so die Informationsauswahl, -aufnahme und -verarbeitung. Auch die Erwartungen an die Umwelt werden andere. Bezogen auf das Kommunikationsverhalten bedeutet dies, dass der Austausch und Dialog in erster Linie, offen, transparent, authentisch und vor allem in Echtzeit verläuft. Unternehmen werden dadurch als Kommunikationspartner vor neue Herausforderungen gestellt, die sowohl Chancen als auch Risiken in sich bergen.

---

[47] Gatekeeper-Medien sind die „klassischen Massenmedien, hinter denen Verlage stehen und bei denen die Journalisten als so genannte [sic!] Gatekeeper entscheiden, welche Inhalte publiziert werden und welche nicht." (Schindler/ Liller, 2012: 412).

Eine gelungene Social-Media-Kommunikation und ein überlegter Social-Media-Auftritt erhöhen die Reichweite und eröffnen Unternehmen den direkten Kontakt zu ihren (potentiellen) Kunden. Dies ermöglicht eine Stärkung der Kundenbindung (z. B. durch einen direkten, zeitnahen Kundendienst), neue Absatzchancen sowie Möglichkeiten zur Neukundengewinnung und erlaubt eine Stärkung der Unternehmens- bzw. Produkt-Marke (Branding) oder der Arbeitgeber-Marke (Employer Branding).

Social-Media-Anwendungen ermöglichen eine Kanalisierung der unmittelbaren, ehrlichen Kundenmeinung unternehmensintern und können Marktforschungszwecken dienen. Darüber hinaus sind Social-Media-Anwendungen in der Lage die Mitarbeiterkommunikation zu unterstützen und damit das „Mitarbeiterinvolvement" (Hilker, 2010: 25) zu fördern. Kunden können aktiv in die Unternehmensprozesse einbezogen werden. Im B2C geschieht dies beispielsweise mithilfe von Crowdsourcing-Aktionen, bei denen Kunden Produkte mitentwickeln können und damit Anregungen für den Bereich Forschung und Entwicklung bieten. (vgl. Hilker, 2010: 24f.)

Eines der größten Risiken für Unternehmen liegt darin, dass sie durch Social Media leichter angreifbar durch Dritte werden. Kritik kann grundsätzlich etwas Positives sein, solange sie konstruktiv ist und fachkundig sowie professionell von Unternehmensseite darauf reagiert wird. Dies kann positive Auswirkungen auf das Unternehmensimage haben. Ein grundsätzliches Problem ist jedoch der Kontrollverlust über die Kommunikation und die Verschiebung der Machtverhältnisse zugunsten der Kunden. Nicht jeder Kommentar in den sozialen Medien ist freundlich und Fehler der Unternehmen werden in der Regel schnell und gnadenlos von der Nutzergemeinde abgestraft. Dies kann im schlimmsten Fall zu einer Social-Media-Krise führen, die mithilfe einer angemessenen Krisenstrategie bewältigt werden muss. Von Unternehmen wird in solchen Situationen von Kritikerseite aus ein authentischer, zeitnaher, transparenter, offener und menschlicher Dialog mit klaren und verständlichen Informationen zur Sachlage erwartet (vgl. Manger/Wache, 2011: 190). Im Idealfall kann ein Unternehmen gestärkt aus einer Krise hervorgehen.

Ein weiteres Risiko besteht darin, den Überblick im Social-Media-Einsatz zu verlieren und möglicherweise nicht genügend Ressourcen für die ausgewählten Instrumente im Social-Media-Engagement zur Verfügung zu haben (vgl. Hilker, 2010: 24). Ein anderes schwieriges Thema für Unternehmen ist der Datenschutz, sei es die Sicherheit der eigenen Datenbasis (Kundendaten) oder seien es Unternehmensgeheimnisse, die vor unbefugten Zugriffen geschützt werden müssen (vgl. Hiller, 2010: 24).

Tabelle 4 zeigt abschließend noch einmal einige Risiken und Chancen für Unternehmen im Überblick.

Tabelle 4. Chancen und Risiken von Social Media für Unternehmen (Hilker, 2010: 24)

Chancen	Risiken
• „Zuhören": Erkennen und Verstehen, was Kunden wirklich wollen durch „Zuhören" in Blogs, Communities und Foren • Marktforschung: Überblick über Märkte, Kunden, Mitbewerber durch systematische Suche in den sozialen Netzwerken • Weltweite Verbreitung, hohe Aktualität und Schnelligkeit von Informationen • Branding: Verstärkte Wahrnehmung von Marken, Unternehmen, Personen, Produkten • Virale Marketing-Effekte beispielsweise durch weitergeleitete Tweets (Beiträge in Twitter) oder Webvideos • Positive Reputation durch Image-Arbeit • Etablierung des Expertenstatus, zum Beispiel durch fachliche Beiträge in Blogs • Kundenbeziehungsmanagement, beispielsweise durch Twitter • Neue Potenziale zur Gewinnung neuer Mitarbeiter, insbesondere jüngerer • Kunden „mitmachen" lassen durch Aufruf zur aktiven Gestaltung von Produkten • Zeit und Reisekosten sparen: Mit Webkonferenzen Abstimmungen ökonomisch durchführen • Online verkaufen durch Webmeetings	• Ängste der Unternehmer, User an der Produktgestaltung teilhaben zu lassen • Nutzen für Unternehmen von Zielkunden, Branche und Produkt abhängig • Gezielte Streuung von Falsch-Informationen möglich • Kontrollverlust: Unternehmen verlieren Macht über ihre Markenführung • Return of Invest: Erfolge sind schwer messbar • Angst, an den Pranger gestellt zu werden, weil man gegen unbekannte Regeln verstoßen hat • Negative Reputation: Nicht wünschenswerte Informationen über Personen, Produkte und Unternehmen werden verbreitet • Zeitverschwendung durch „Zeitdiebe": viele Tools, viele Zugangsdaten, unterschiedliche Netiquetten (Benimmregeln im Internet) • Konzentrationsmangel durch Aufmerksamkeit auf zu viele Tools (Multitasking) • Informationsmüll: zu viele banale, unsinnige Nachrichten • Suchtpotenzial und Realitätsverlust • Datenschutz/Kriminalität, beispielsweise Datendiebstähle von hinterlegten Adress- und Bankdaten

4. Social Media im B2B-Bereich

4.1 Kaufverhalten in Unternehmen

Grundsätzlich lässt sich das Kaufverhalten in Unternehmen vom Kaufverhalten der Konsumenten unterscheiden. Zu den wesentlichen Einflussfaktoren auf Kaufentscheidungen in Organisationen sind zu zählen (vgl. Homburg/Krohmer, 2009: 140ff.; Kuß/Tomczak, 2007: 250f.):

- die Abhängigkeit der organisationalen Nachfrage von der Nachfrage durch Konsumenten,
- die Multipersonalität der Kaufentscheidungen[48],
- die Formalisierung der Kaufentscheidungen, indem der Kaufprozess bestimmten Vorgaben folgt,
- die organisationale Nachfrage von individuell dem Bedarf angepassten Produkten
- der mögliche Einfluss von nicht dem Unternehmen angehörigen Dritten auf den Kaufentscheidungsprozess
- die Bedeutung langfristiger Geschäftsbeziehungen mit persönlichen Kontakten und Interaktion zwischen den Geschäftspartner und
- die Langwierigkeit und Komplexität von Kaufentscheidungen mit zusätzlich hoher Verantwortung.

Nachfolgend werden einzelne Aspekte des Kaufverhaltens in Unternehmen beleuchtet und mögliche Ansatzpunkte sowie Einflussmöglichkeiten von Social-Media-Anwendungen auf das Kaufverhalten im B2B-Bereich dargestellt.

4.1.1 Kaufprozesse und Kaufentscheidungen

Marketing und Vertrieb werden bei organisationalem Kaufverhalten vor verschiedenen Herausforderungen gestellt: Der Kaufprozess ist langwierig und durch die Beteiligung mehrerer Personen ist es schwer, den richtigen Ansprechpartner zur richtigen Zeit zu kontaktieren und dadurch Einfluss auf die Kaufentscheidung zu nehmen (vgl. Kuß/Tomczak, 2007: 251).

Um ein besseres Verständnis zu schaffen, werden zunächst die verschiedenen Geschäftstypen im B2B-Bereich und ihre Besonderheiten bei Kaufentscheidungen dargestellt. Die nachfolgende Abbildung 12 gibt einen Überblick über die vier Geschäftstypen (vgl. Kuß/Tomczak, 2007: 254ff.).

Man unterscheidet basierend auf den vier Kriterien Ausrichtung des Anbieter, Tranksaktion/ Kaufverbund, Ausrichtung des Nachfragers und Kunde/Markt zwischen Zuliefergeschäft, Systemgeschäft, Anlagengeschäft und Produktgeschäft (s. Abb. 12).

---

[48] Als Ausnahmen sind hier identische Wiederkäufe zu nennen, die meist von Einzelpersonen getätigt werden.

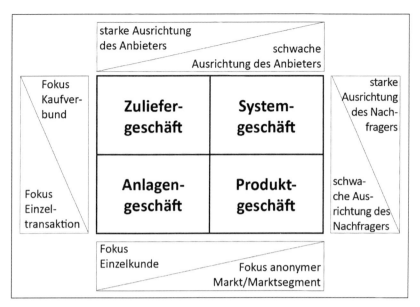

starke Ausrichtung des Anbieters	schwache Ausrichtung des Anbieters	starke Ausrichtung des Nachfragers
Fokus Kaufverbund	**Zuliefergeschäft**	**Systemgeschäft**
Fokus Einzeltransaktion	**Anlagengeschäft**	**Produktgeschäft**	schwache Ausrichtung des Nachfragers
Fokus Einzelkunde		Fokus anonymer Markt/Marktsegment

Abbildung 12. Darstellung des Geschäftstypenansatzes nach BACKHAUS/VOETH[49]

Das **Zuliefergeschäft** ist stark auf den Einzelkunden ausgerichtet, der häufig in einer langfristigen Geschäftsbeziehung in regelmäßigen Abständen kauft, wobei sich der Anbieter auf die Geschäftsprozesse (z. B. Produktion, Beschaffung) des Nachfragers einstellt sowie umgekehrt und damit eine hohe Abhängigkeit zwischen den Geschäftspartnern entsteht. Ein Beispiel für diesen Geschäftstyp ist der Automobilzulieferer, der sein Marketing auf die persönliche Geschäftsbeziehung zu einigen wenigen Großkunden mit einem entsprechenden Key-Account-Management (KAM) im Vertrieb ausgerichtet. Für diesen Bereich lässt sich überlegen, ob hinsichtlich der Verbesserung der Kundenbeziehung Social-Media-Maßnahmen, die den Dialog zwischen Unternehmen und Kunden weiter fördern, eingebunden werden können (z. B. Twitter als ergänzende Support-Hotline). (vgl. Kuß/Tomczak, 2007: 255; Backhaus/Voeth, 2010: 207)

Das **Systemgeschäft** ist von Seiten des Anbieters aufgrund der stärker standardisierten Produkte weniger an den Einzelkunden, sondern auf den anonymen Markt mit vielen Kunden ausgerichtet. Dabei ist der Anbieter nicht von wenigen Kunden abhängig, was die schwache Ausrichtung des Anbieters auf den Kunden verdeutlicht. Beispielhaft für das Systemgeschäft ist der Handel mit Computersoftware (z. B. Warenwirtschaftssysteme). Die Kunden binden sich durch ihre Kaufentscheidung langfristig an einen Anbieter und müssen in regelmäßigen Abständen wieder kaufen, z. B. um ihr System zu aktualisieren oder das System an geänderte Geschäftsprozesse anzupassen. Hier bietet ein Social-Media-Auftritt die Möglichkeit durch ein gutes

---

[49] In Anlehnung an: Backhaus/Voeth, 2010: 206; Kuß/Tomczak, 2007: 255

Suchmaschinenmarketing die Sichtbarkeit für potentielle Kunden in einem anonymen Markt zu erhöhen (z. B. durch Social News, Podcasts, YouTube, Webinare, soziale Netzwerke, Business-Netzwerke). (vgl. Kuß/Tomczak, 2007: 255f.; Backhaus/Voeth, 2010: 207)

Das **Anlagengeschäft** ist stark auf einzelne Großprojekte ausgelegt (z. B. Bau von Raffinerien zur Weiterverarbeitung von Rohöl) und konzentriert sich damit auf einzelne Kunden und in der Regel einzelne Transaktionen, bei denen der Anbieter häufig mit größeren Investitionen in Vorleistung geht. Das Marketing muss sich im Anlagengeschäft sehr stark auf den einzelnen Kunden und auf die individuellen Phasen des Kaufprozesses einstellen. Ähnlich wie beim Systemgeschäft kann durch einen Social-Media-Auftritt im Vorfeld das Interesse des Kunden auf das Unternehmen gelenkt werden und es können wertvolle Geschäftskontakte entstehen, die in Folge davon neue Projekte anstoßen können (z. B. über Business-Netzwerke, soziale Netzwerke, Corporate-Blogs etc.). Während des Projektes können beispielsweise Wikis oder Systeme wie Yammer die Kommunikation unterstützen und das gemeinsame Wissen an zentraler Stelle für die Projektbeteiligten bereitstellen. (vgl. Kuß/Tomczak, 2007: 256; Backhaus/Voeth, 2010: 206f.)

Das **Produktgeschäft** ähnelt am stärksten den Bedingungen im B2C-Markt. Standardisierte Produkte werden an einem anonymen Markt angeboten und häufig einmalig von den Kunden gekauft (z. B. Faxgerät, Gabelstapler). Je nach Produkt kann der Kunde aber auch Wiederkäufe tätigen, etwa bei Verbrauchsmaterialien (z. B. Büromaterial, Verpackungen). Dabei entstehen jedoch keine langfristigen, persönlichen Geschäftsbeziehungen. Der Kunde muss wie auf den B2C-Märkten umworben werden und kann unter einer Vielzahl von Anbietern auswählen. Aufgrund der Gegebenheiten können Social-Media-Anwendungen eingesetzt werden, um die Bekanntheit zu steigern, den Kundendialog zu fördern und die Entstehung langfristiger Geschäftsbeziehungen, z. B. durch einen guten Kundendienst, zu forcieren. Maßnahmen in diesem Zusammenhang sind etwa Corporate-Blogs, soziale Netzwerke, Twitter und YouTube. (vgl. Kuß/Tomczak, 2007: 256; Backhaus/Voeth, 2010: 206)

Vereinfacht lässt sich der organisationale Kaufprozess auch nach der Art der Kaufentscheidungen darstellen, wie Tabelle 5 zeigt. Ergänzend fließt in die Darstellung das Involvement der Person/Personen ein, die an der Entscheidung im Rahmen eines Neukaufs, modifizierten Wiederkaufs oder identischen Wiederkaufs (vgl. Kuß/Tomczak, 2007: 252f.) beteiligt sind.

Tabelle 5. Überblick über Kaufentscheidungen im B2B-Markt in Zuordnung zu Kaufentscheidungen im B2C[50]

Art der Kaufentscheidung im B2B-Markt	Neuartigkeit und Wichtigkeit der Entscheidung	Informationsbedarf	Beachtung neuer Alternativen	Involvement	Entsprechende Kaufentscheidung im B2C-Markt
Neukauf	hoch	maximal	wichtig	hoch	extensiv
Modifizierter Wiederkauf	mittel	mäßig	begrenzt	hoch	limitiert
Identischer Wiederkauf	gering	minimal	nein	niedrig	habitualisiert

Anmerkung: Neukauf: erstmalige Beschaffung, noch keine bewährten Entscheidungsmuster
Modifizierter Wiederkauf: bestimmte Entscheidungsmuster vorhanden, aber das Kaufobjekt ist modifiziert
Identischer Wiederkauf: Routineentscheidung, Produkt wird nachdisponiert

Die Zuordnung des Involvements erfolgte auf Basis der Stärke der kognitiven Beteiligung und weniger unter Berücksichtigung des emotionalen Involvements, da der „organisationale Kaufprozess in der Regel rationaler, systematischer und formeller abläuft als der Kaufprozess eines Konsumenten." (Homburg/Krohmer, 2009: 145) und damit auch habituelle Kaufentscheidungen die Ausnahme bilden. Für den organisationalen Kaufprozess können acht Phasen identifiziert werden (s. Abb. 13).

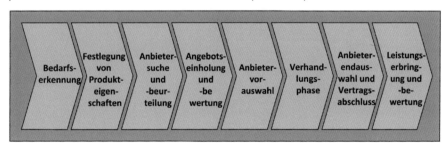

Abbildung 13. Grafische Darstellung der Phasen des Kaufprozesses in Unternehmen[51]

Am Anfang jeden Kaufprozesses steht die Feststellung bzw. das Erkennen eines vorhandenen Bedarfs. In Unternehmen ist dieser Bedarf häufig ein abgeleiteter Bedarf, der abhängig ist von „der Nachfrage in konsumnäheren Märkten" (Kuß/Tomczak, 2007: 250). Dabei kann es sich jedoch auch um Dienstleistungen handeln und ist nicht ausschließlich auf materielle Güter bezogen. Um eine fundierte Entscheidung treffen

---

[50] In Anlehnung an: Kuß/Tomczak, 2007: 253; Foscht/Swoboda, 2011: 171ff. & 314
[51] Entnommen aus: Homburg/Krohmer, 2009: 146

zu können, werden zunächst spezifische Produkteigenschaften festgelegt, die das Produkt erfüllen muss (z. B. in einem Lastenheft oder einem Pflichtenkatalog). In diesen Prozess können mehrere Personen involviert sein, die über das entsprechende Fachwissen verfügen (s. Kap. 4.1.2). Nach der Festlegung der Produkteigenschaften werden entsprechende Anbieter gesucht und etwa über Referenzen, Empfehlungen oder auf Basis eigener Erfahrungen beurteilt. Dabei kann das Unternehmen sowohl von bereits bekannten Lieferanten oder neuen Anbietern Angebote anfordern und diese nach den im Vorfeld ausgewählten Kriterien bewerten, um auf Basis dessen eine Vorauswahl der in Frage kommenden Anbieter zu treffen und mit diesen die Verhandlungen aufzunehmen. In der Verhandlungsphase werden noch einmal Spezifika des Produkts besprochen inklusive des Preises, der Zusatz- und Serviceleistungen sowie der Zahlungs- und Lieferbedingungen. Nach der Verhandlungsphase folgen die endgültige Entscheidung für einen Anbieter und der Vertragsschluss mit anschließender Leistungserbringung durch den Lieferanten und abschließender Bewertung der Leistung durch den Kunden. Dabei kann „[d]ie Leistungserbringung (…) dadurch beeinträchtigt werden, dass auf Anbieter- und Kundenseite Akteure tätig sind, die nicht am Kauf- und Entscheidungsprozess beteiligt waren" (Homburg/Krohmer, 2009: 147). (vgl. Homburg/Krohmer, 2007: 146f.; Kuß/Tomczak, 2007: 256f.)

Der Einsatz von Social Media kann besonders für die ersten drei Phasen des Kaufprozesses interessant sein, da sich dort Unternehmen die Möglichkeit bietet, Bedarfe zu wecken, Informationen zu den Produkten zu liefern, Eigenschaften – die einen Wettbewerbsvorteil darstellen – herauszustellen und entsprechend als Anbieter präsent und sichtbar zu sein. Grundsätzlich gilt: „Da der Einfluss externer Medien über den Investitionsentscheidungsprozess hinweg abnimmt, müssen Unternehmen gerade am Anfang einem potenziellen Kunden auffallen." (Lachenmaier/Virtual Identity, 2009: 35).

Abbildung 14 vermittelt abschließend einen Eindruck über den Zusammenhang zwischen den Phasen des Kaufprozesses und der Art der Kaufentscheidung.

	Bedarfs-erkennung	Festlegung von Produkt-eigen-schaften	Anbieter-suche und -beur-teilung	Angebots-einholung und -be-wertung	Anbieter-voraus-wahl	Verhand-lungs-phase	Anbieter-end-auswahl und Vertrags-abschluss	Leistungs-erbrin-gung und -bewer-tung
Neukauf	Beginn —————————————————————→ Ende							
Modifi-zierter Wieder-kauf		Beginn ——————————————————→ Ende						
Identi-scher Wieder-kauf					Beginn ——→ Ende			

Abbildung 14. *Kaufentscheidungsprozess in Abhängigkeit von der Neuartigkeit der Kaufsituation*[52]

Abbildung 14 zeigt darüber hinaus, wie langwierig Kaufprozesse sein können, wenn es sich um einen Neukauf oder einen modifizierten Wiederkauf handelt. Darüber hinaus ist es wichtig, als Anbieter nach der ersten Transaktion den Kundenkontakt aufrecht zu erhalten, da bereits beim modifizierten Wiederkauf in der Regel eine Vereinfachung der Kaufentscheidung stattfindet. Dafür wird soweit wie möglich auf wichtige Schlüsselinformationen und bisherige Erfahrungen zurückgegriffen. Es liegt eine gewisse Anzahl möglicher Anbieter und Alternativen als sog. „evoked set"[53] – jedoch noch ohne Präferenz – vor. Der identische Wiederkauf ist im weitesten Sinn mit einer habitualisierten Kaufentscheidung aus dem Konsumgütermarkt vergleichbar, besitzt ein geringes Risiko und weist damit in der Regel ein geringes Involvement auf.

4.1.2 Das Buying Center – Ansatzpunkte für Social Media

„Unter einem Buying Center versteht man den gedanklichen Zusammenschluss der an einer bestimmten organisationalen Kaufentscheidung beteiligten Personen bzw. Gruppen." (Homburg/ Krohmer, 2009: 142). Buying Center setzen sich in der Regel abteilungsübergreifend aus einer variierenden Anzahl von Mitarbeitern zusammen, die verschiedene Rollen einnehmen können und damit unterschiedlich stark am Kaufprozess mit abweichenden Befugnissen im Hinblick auf die Kaufentscheidung beteiligt sind. Dabei können in einem Buying Center verschiedene Personen gleiche Rollen innehaben und gleichzeitig einer Person verschiedene Rollen zufallen. Das Buying-Center-Konzept berücksichtigt lediglich die Funktionsträger innerhalb eines

---

[52] Entnommen aus: Homburg/Krohmer, 2009: 162
[53] *evoked set*: „begrenzte, klar profilierte Zahl von kaufrelevanten Alternativen" (Kroeber-Riel/Werner, 2003: 385)

Unternehmens (ggf. plus externe Beeinflusser, wie etwa Berater) und verdeutlicht damit beispielhaft den Aufbau und Ablauf „monoorganisationaler Kaufentscheidungen" (Foscht/Swoboda, 2011: 301). (vgl. Foscht/Swoboda, 2011: 301ff.; Homburg/Krohmer, 209: 142ff.; Kuß/Tomczak, 2007: 258ff.)

Die nachfolgende Tabelle gibt in Stichpunkten einen kurzen Überblick über die verschiedenen Rollen eines Buying Centers und ihr Funktionen (vgl. Foscht/Swoboda, 2011: 301ff.; Homburg/ Krohmer, 209: 142ff.; Kuß/Tomczak, 2007: 258ff.):

Tabelle 6. Übersicht über die Rollen eines Buying Centers und ihre Funktionen

Rolle	Funktion	Beispiele
Initiator *(initiator)*	• Bedarfserkennung • Anstoß des Kaufentscheidungsprozesses	*Mitarbeiter im Einkauf,* Produktionsleiter, Mitarbeiter Produktion, Marketingleiter etc.
Informationsselektierer *(gatekeeper)*	• Kontrolle und Steuerung des Informationsflusses sowie des Informationsaustauschs im Buying Center • Beeinflussung der Kaufentscheidung durch bewusste Informationsauswahl • Vorstrukturierung und Alternativenreduktion	*Vorstandssekretärin, Vorstandsassistent,* (allg. Mitarbeiter von Entscheidungsträgern, z. B. Marketingassistent)
Benutzer/Anwender *(user)*	• Verwendung des zu beschaffenden Produktes (oder der Dienstleistung) im Rahmen des Aufgabenfeldes • Spezifisches Nutzerwissen und Erfahrungswerte • Benutzer häufig auch Initiator von Kaufentscheidungen	*Mitarbeiter Produktion* Produktionsleiter, Marketingleiter, Mitarbeiter Marketing, Mitarbeiter Customer Service etc.
Beeinflusser *(influencer)*	• Vermittlung kaufrelevanter Informationen (Meinungsführer) • Festlegung von Mindestanforderung • Beteiligung an der Anbietervorauswahl	*Vorstandsassistent, Mitarbeiter Controlling, Mitarbeiter Produktion, Mitarbeiter Marketing* Entwicklungsingenieure, Produktionsleiter, Finanzierungsfachleute
Entscheider *(decider)*	• können auch Initiatoren sein • Entscheidungsbefugnisse • Kaufentscheidung	*Vorstandsmitglied, Leiter Controlling, Leiter Produktion* Geschäftsführer, Leiter

Rolle	Funktion	Beispiele
	• Hierarchieebene der Entscheidung abhängig von Investitionshöhe	Marketing etc.
Einkäufer (*buyer*)	• Befugnis zur Vorbereitung und zum Abschluss von Kaufverträgen	*Leiter Einkauf* (Mitarbeiter der Einkaufsabteilung)
Zusätzliche Unterscheidung der Rollen in:		
Opponent	• Behinderung des Kaufprozesses • *Machtopponenten:* negativer Einfluss durch hierarchische Position • *Fachopponenten:* negativer Einfluss aufgrund objektspezifischen Fachwissens	*Leiter Controlling (Machtopponent), Mitarbeiter Controlling (Fachopponent), Mitarbeiter Produktion (Fachopponent)*
Promotor	• aktive Förderung eines Kaufprozesses • *Machtpromotoren:* positiver Einfluss durch hierarchische Position • *Fachpromotoren:* positiver Einfluss aufgrund objektspezifischen Fachwissens • *Prozesspromotoren:* Einfluss aufgrund formeller und informeller Kommunikationsbeziehungen im Unternehmen; Überwindung organisatorischer/ administrativer Barrieren; Brücke zwischen Macht- und Fachpromotoren	*Vorstandsmitglied (Machtpromotor), Leiter Einkauf (Machtpromotor), Leiter Produktion (Machtpromotor), Mitarbeiter Marketing (Prozesspromotor), Mitarbeiter Einkauf (Fachpromotor)*

Eine Herausforderung für das Marketing im B2B-Geschäft liegt nun darin, die verschiedenen Akteure des Buying Centers und ihre Rollenverteilung sowie ihre Beteiligung an den einzelnen Phasen des Kaufprozesses zu identifizieren. Auf Basis dieses Wissens kann der Anbieter dann entscheiden, welche Informationen die einzelnen Personen im Buying Center benötigen, um den Kaufprozess bestmöglich zugunsten des Anbieters zu beeinflussen. In diesem Zusammenhang sind jedoch auch Kenntnisse über die Mitglieder und die berufliche Nutzung von Social-Media-Anwendungen sowie weiteren Online-Angeboten wichtig (s. Kap. 4.2; s. Abb. 22). Abbildung 15 zeigt eine mögliche Zuordnung der einzelnen Rollen und ihre Funktion für den Kaufprozess.

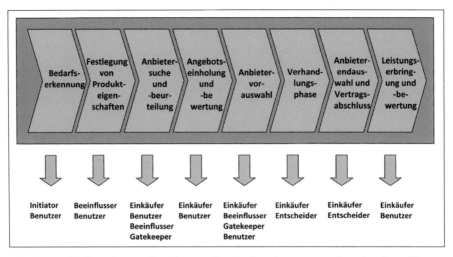

Abbildung 15. Zuordnung der Akteure des Buying Centers zu den einzelnen Phasen des Kaufprozesses[54]

Die einzelnen Funktionsträger im Buying Center haben unterschiedliche Informations-bedürfnisse. Grundsätzlich benötigen alle Beteiligten faktenorientierte Informationen, die sachlich und klar strukturiert aufgebaut sind (vgl. Masciadri/Zupancic, 2010: 161f.). Je nach Rolle können Informationsbedarf (Menge an Informationen, Informationstiefe) und Informationsquellen variieren. Für Initiatoren/Benutzer kann hier ggf. das Angebot eines Webinars mit einer ersten Produktvorstellung/-schulung interessant sein, oder auch eine Produktpräsentation auf YouTube, um dies crossmedial durch weitere In-formationsbroschüren und Fallstudien zu ergänzen. Beeinflusser und Entscheider be-nötigen darüber hinaus noch weitere Informationen (z. B. technische Spezifikationen, Kostenvoranschlag), die sie beispielsweise über Fachartikel und über persönliche Be-ratungsgespräche zu erlangen suchen. Entscheider werden darüber hinaus strategi-sche Aspekte mit in die Entscheidung einfließen lassen und die Entscheidungen des Managements etwa durch White Paper, Imagebroschüren, positive Referenzen und Studien untermauern.

Neben der Identifikation der einzelnen Rollen und Rolleninhaber ist es auch wichtig zu wissen, wie die Funktionsträger untereinander vernetzt sind. Die nachfolgende Darstel-lung verdeutlich beispielhaft wie das Beziehungsnetzwerk eines Buying Centers (Buying Network) aussehen kann (s. Abb. 16).[55]

---

[54] Eigene Darstellung nach: Homburg/Krohmer, 2009: 146; Foscht/Swoboda, 2011: 316; Voeth/Herbst, 2008: 361
[55] Eine detaillierte Erklärung eines Buying Networks mit *vertikaler und lateraler Beteiligung, Umfang eines Buying Centers, Verbundenheit/Vernetzung und Zentralität* findet sich bei HOMBURG/KROHMER (2009) und FOSCHT/ SWOBODA (2011). (vgl. Homburg/Krohmer, 2009: 144f.; Foscht/Swoboda, 2011: 303)

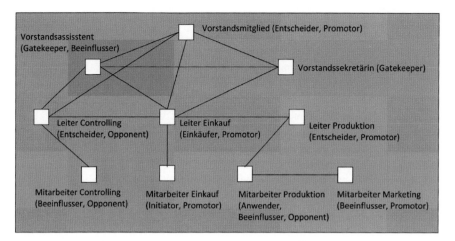

Abbildung 16. Grafisches Beispiel eines Buying Networks[56]

Diese Aspekte müssen bei einer geplanten Kundenansprache ebenfalls berücksichtigt werden, um die Kommunikationsmaßnahmen online und offline optimal und gezielt zu steuern.

4.1.3 Geschäftsbeziehungen – Einflussmöglichkeiten durch Social Media

Neben den monoorganisationalen Erklärungsansätzen für Kaufentscheidungen im B2B-Bereich existieren Interaktionsansätze, die die Besonderheiten poly- oder multiorganisationaler Kaufentscheidungen berücksichtigen.

> „Die Beeinflussung der Marktpartner erfolgt bei der Interaktion zwischen Anbieter- und Verwenderseite nicht nach dem SR- oder einem SOR-Paradigma, sondern nach einem Interdependenz-Paradigma, das die Verhandlungen zwischen Unternehmen im Kauf- und Verkaufsprozess als Interaktion begreift." (Foscht/Swoboda, 2011: 322).

Im Rahmen dieses Buches werden unter den Interaktionsansätzen die Geschäftsbeziehungen gesondert herausgegriffen und unter dem Aspekt der Einflussmöglichkeiten durch Social Media betrachtet.

Geschäftsbeziehungen lassen sich nach KLEINALTENKAMP ET AL. (2011: 22) erklären als

> „eine Folge von Markttransaktionen zwischen einem Anbieter und einem Nachfrager, die nicht zufällig ist. ‚Nicht zufällig' heißt entweder, dass es auf der Anbieter- und/oder der Nachfragerseite Gründe gibt, die eine planmäßige Verknüpfung zwischen Markttransaktionen sinnvoll oder notwendig erscheinen lassen oder die de facto zu einer Verknüpfung führen. Eine Geschäftsbeziehung lässt sich also (…) als eine Folge von Markttransaktionen ansehen, zwischen denen eine innere Verbindung existiert."

---

[56] Entnommen aus: Homburg/Krohmer, 2009: 145

Ja nach Geschäftstyp (s. Kap. 4.1.1) sind dabei die Abhängigkeiten zwischen Anbieter und Nachfrager unterschiedlich stark ausgeprägt. Dies wirkt sich wiederum auf die Geschäftsbeziehungen und die Bindungen zwischen den Geschäftspartner aus, die nicht immer ganz freiwilliger Natur sind (z. B. Zuliefergeschäft im Automobilbereich) (vgl. Foscht/Swoboda, 2011: 330). Auf B2B-Märkten lassen sich aus Anbietersicht zwei Marketingansätze feststellen: das Transaktionsmarketing und das Beziehungsmarketing. Dabei unterteilt sich das Tranksaktionsmarketing ausgehend vom Anbieterfokus (Markt/- segment oder Einzelkunde) in das Markt(segment)-Management sowie das Projekt-Management und das Beziehungsmarketing in das Kundenbindungsmanagement sowie das Key-Account-Management (vgl. Foscht/Swoboda, 2011: 331). Geschäftsbeziehungen bauen auf einer ersten Tranksaktion auf, müssen aber, um von Dauer zu sein, gepflegt werden, weshalb hier das Kundenbindungsmanagement und das Key-Account-Management im Zentrum stehen. Aufgrund der Besonderheiten des B2B-Geschäfts gegenüber B2C-Unternehmen – wenige Kunden mit hohem Kundenwert aber mit entsprechendem Fachwissen und Informationsbedarf – sind Aufbau und Pflege persönlicher Geschäftsbeziehungen für B2B-Unternehmen wichtig (vgl. BVDW, 2011: 84).

> **Marketing in Geschäftsbeziehungen** (...) ist ein Verhaltensprogramm, das explizit auf die Existenz und die Bedeutung **anhaltender** Austauschbeziehungen zwischen *einem* anbietenden Unternehmen und *einem* Kunden abstellt und das Wiederkaufverhalten des Kunden zum Fokus der Marketingmaßnahmen macht. (Kleinaltenkamp et al., 2011: 20)

Erfolgreiche, langfristige Geschäftsbeziehungen haben Vorteile für beide Seiten. Für den Anbieter sind diese z. B. bessere und genauere Informationen über die Kunden, eine engere Bindung an die Kunden, die Übernahme des Anbieters in das „evoked set" des Kunden etc. Auf Kundenseite können sich die Entscheidungsprozesse beschleunigen, da der Anbieter bereits bekannt ist und der Kunde auf Erfahrungen zurückgreifen kann. Darüber hinaus kann der Kunde auf Basis der Geschäftsbeziehung etwa Leistungs- und Konditionenvorteile erlangen. (vgl. Foscht/Swoboda, 2011: 333; Kuß/Tomczak, 2007: 266)

Das KAM nimmt eine Sonderstellung ein, da die Mitarbeiter im Rahmen der Betreuung der Groß- bzw. Schlüsselkunden in direktem, persönlichen Kontakt mit den Geschäftspartnern stehen. Dabei können sowohl für das KAM als auch für das Kundenbindungsmanagement mögliche Ansatzpunkte für Social-Media-Anwendungen identifiziert werden. Tabelle 7 zeigt Chancen von Social-Media-Anwendungen im KAM und Kundenbindungsmanagement im Überblick.

Tabelle 7. Nutzungsmöglichkeiten von Social-Media-Anwendungen für das B2B-Kundenbindungsmanagement[57]

	Kundenbindungsmanagement	Key-Account-Management
Soziale Netzwerke (XING, LinkedIn)	• Identifikation von (potentiellen) Kunden über das Netzwerk • direkte Ansprache der (potentiellen) Kunden und Bedarfsklärung • Darstellung des Expertenwissens in den Netzwerken • Generierung neuer Kundenkontakte durch Netzwerkeffekt („six degrees of separation")[58] • Word-of-Mouth-Marketing • Selektion und Nutzung von Cross- und Up-Selling-Potenzialen • Wissensgenerierung durch Kundenfeedback zu den Produkten • erweitertes Wissen über die Kunden durch die Profile • Individualisierung von Kampagnen • aktives Mitgestalten der Kunden am Leistungserstellungs- und Leistungsinnovationsprozess	• direkte Ansprache der (potentiellen) Kunden und Bedarfsklärung • Darstellung des Expertenwissens in den Netzwerken • Word-of-Mouth-Marketing • Selektion und Nutzung von Cross- und Up-Selling-Potenzialen • Wissensgenerierung durch Kundenfeedback zu den Produkten • erweitertes Wissen über die Kunden durch die Profile • Individualisierung von Kampagnen • aktives Mitgestalten des Leistungserstellungs- und Leistungsinnovationsprozess
Corporate-Blogs	• Bereitstellung relevanter Produktinformationen und Brancheninformationen im eigenen Blog für Kunden • erhöhte Transparenz bezüglich der möglichen Leistungserstellung des Unternehmens • Erleichterung der Kundenrecherche/Verbesserung der Angebotswahrnehmung durch SEO • Lenkung der Diskussionen und Unterstützung der Kunden durch bidirektionale Kommunikation und Bereitstellung kaufrelevanter Informationen (Preis, Konditionen etc.) • Möglichkeit zur Umsatzgenerierung durch Platzierung von Cross-Selling-Produkten • Wissensgenerierung durch Kundenfeedback zu den Produkten	• Rückgriff auf relevante Produktinformationen aus dem Blog für Kundendialog • erhöhte Transparenz bezüglich der möglichen Leistungserstellung des Unternehmens • aktives Mitgestalten des Kunden am Leistungserstellungs- und Leistungsinnovationsprozess

---

[57] Eigene Darstellung in Anlehnung an: Schögel et al., 2008: 443
[58] *Six degrees of separation* steht für eine Theorie des Psychologen Stanley Milgrim, der 1967 herausgefunden hat, „dass jeder Mensch in einem sozialen Netzwerk über durchschnittlich sechs Zwischenpersonen mit jedem anderen Menschen auf der Welt bekannt ist." (Hettler, 2010: 54)

	Kundenbindungsmanagement	Key-Account-Management
Corporate-Blogs (Fortsetzung)	• Stärkung der Kundenbindung durch das eigene Blog (höheres emotionales Involvement) • aktives Mitgestalten der Kunden am Leistungserstellungs- und Leistungsinnovationsprozess	
Twitter	• Reduktion/Verdichtung des Dialogs auf die wichtigsten Informationen • Darstellung des Expertenwissens per Microblogging • Spezifikation der Zielgruppe durch Analyse der Follower • schnelle Unterstützung des Kunden bei Fragen und Problemen durch Kundendienst/ Support/ Serviceabteilung • 24/7-Betreuung der Kunden im Service möglich	• Reduktion/Verdichtung des Dialogs auf die wichtigsten Informationen • schnelle Unterstützung des Kunden bei Fragen und Problemen durch Kundendienst/ Support/ Serviceabteilung • 24/7-Betreuung der Kunden im Service möglich
Webinare	• besseres Verständnis des Kunden für das Produkt • Vertiefung des produktspezifischen Wissens nach dem Kauf • Stärkung der Kundenbindung durch Angebot aktiver/passiver Webinare • je nach Thematik unterstützend in der Vorkauf-, Kauf- und Nachkaufphase einsetzbar • Kundenbindung durch direkten Dialog	• Stärkung der Kundenbindung durch das zusätzliche Angebot aktiver/passiver Webinare • je nach Thematik unterstützend in der Vorkauf-, Kauf- und Nachkaufphase einsetzbar
YouTube/ Podcasts	• zeitlich und örtlich ungebundene Bereitstellung von audiovisuellen Informationen über das Produkt, z. B. Anleitungsvideos, visuelle Kurzinformation über das Produkt • Möglichkeit für gezielte Cross-Selling-Aktivitäten • Stärkung der Integration und Bindung des Kunden an das Unternehmen • Vorstellen von Produktinnovationen	• zeitlich und örtlich ungebundene Bereitstellung von audiovisuellen Informationen über das Produkt, z. B. Anleitungsvideo, visuelle Kurzinformation über das Produkt • Möglichkeit für gezielte Cross-Selling-Aktivitäten • Vorstellen von Produktinnovationen
Social Bookmarking	• Erleichterung der Kundenrecherche/ Verbesserung der Angebotswahrnehmung durch SEO • Verdichtung der relevanten Informationen an zentraler Stelle	

	Kundenbindungsmanagement	Key-Account-Management
Social News	• Erleichterung der Kundenrecherche/ Verbesserung der Angebotswahr-nehmung durch SEO • Verdichtung der relevanten Informatio-nen an zentraler Stelle	

Auch im Zusammenhang mit dem Aufbau einer Geschäftsbeziehung können Social-Media-Aktivitäten greifen und erfolgreich sein. Wie Kapitel 4.2 genauer verdeutlichen wird, ist das Internet für Recherche- und Informationszwecke im Rahmen der beruflichen Nutzung die erste Wahl. Durch eine entsprechende Online-Präsenz erhöhen Unternehmen ihre Auffindbarkeit in Suchmaschinen und können dadurch von potentiellen Neukunden gefunden werden. Natürlich hat auch ein Anbieter die Möglichkeit sich so über potentielle Kunden zu informieren und diese etwa im Rahmen einer Neukundenakquise zu kontaktieren. Dies umfasst bereits die ersten beiden Phasen bei der Entwicklung einer Geschäftsbeziehung – *Awareness* und *Exploration*. Phase drei, die *Expansion*, beschreibt die Intensivierung der Geschäftsbeziehung mit einer stärkeren Bindung und Abhängigkeit zwischen den Partnern, gefolgt von Phase vier, das *Commitment*, das für die gemeinsam getroffene Entscheidung steht, die Geschäftsbeziehung fortzusetzen, bis sich ggf. innerhalb der Beziehung Unzufriedenheit auf einer der beiden Seiten einstellt und die Geschäftsbeziehung gelöst wird. In den Phasen drei und vier können beispielsweise Webinare die persönliche Kundenbindung steigern und damit psychologische Wechselbarrieren verstärkt werden. (vgl. Foscht/Swoboda, 2011: 335f.; Kuß/Tomczak, 2007: 266)

Durch den Einsatz von Social Media können neue Kundendaten gewonnen, individuelle Beziehungen im Rahmen des KAMs und Kundenbindungsmanagements (abhängig von Branche und Geschäftstyp) aufgebaut und dadurch das Beziehungsmanagement gestärkt werden.

4.2 Social Media im Rahmen der beruflichen Nutzung

In Kapitel 4.1.2 wurde bereits das Buying-Center-Konzept im Rahmen organisationaler Kaufentscheidungen angesprochen. Dabei wurde festgestellt, dass die Akteure des Buying Centers abhängig von ihren Rollen unterschiedliche Informationen benötigen. Die Beteiligten suchen dabei aktiv nach Informationen und nutzen dafür verschiedene Informationsquellen, u. a. auch die sozialen Medien. Das Wissen um die Social-Media-Nutzung und Social-Media-Gewohnheiten der Entscheider, in der Regel Geschäftsführung und Management, ist wichtig, da sie die endgültige Kaufentscheidung verantworten und damit langfristige Geschäftsbeziehungen im B2B-Bereich begründen. Nicht selten sind sie neben den Benutzern auch selbst Initiatoren des Kaufprozesses, weshalb ihnen besondere Bedeutung zukommt und hier schwerpunktmäßig behandelt werden.

Im Bereich der sozialen Medien stellt sich die Situation nach einer älteren B2B-Studie über die „Webnutzung deutscher B2B-Entscheider" von Lachenmaier/Virtual Identity (2009) wie folgt dar (s. Abb. 17):

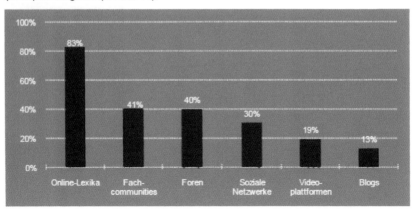

Abbildung 17. Informationsrecherche von B2B-Entscheidern in Social-Media-Anwendungen (Mehrfachnennungen möglich)[59]

Damit nutzen 83% der Entscheider zu Informationszwecken am häufigsten Online-Lexika wie etwa Wikipedia. PLEIL (2010: 25) vermutet auf Basis dieser Ergebnisse, „dass Artikel zu Unternehmen oder spezifischen Technologien vor allem in einer frühen Recherchephase von Bedeutung sind." Darüber hinaus recherchieren 41% der Entscheider in Fach-Communitys und 40% in Foren, während 30% soziale Netzwerke (z. B. XING, LinkedIn), 19% Videoplattformen und lediglich 13% Blogs zur Informationsgewinnung für eine Entscheidungsfindung nutzen. Die aufgeführten Social-Media-Anwendungen zeigen jedoch den Unterschied zwischen B2B- und B2C-Unternehmen auf. Im B2B-Bereich geht es neben der Informationsrecherche etwa in Fachportalen auch um den Austausch von Experten untereinander (vgl. BVDW, 2011: 85). Für den Informationsaustausch spielen für Entscheider hierbei die Business-Netzwerke XING und LinkedIn für berufliche Themen eine wichtige Rolle, wie Abbildung 18 auf Basis des 26. Managerpanels von LAB als kurze Bestandsaufnahme in Deutschland zeigt.

---

[59] Entnommen aus: Lachenmaier/Virtual Identity, 2009: 32

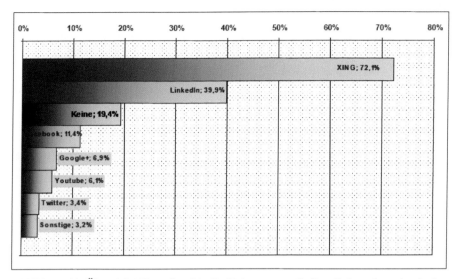

Abbildung 18. Übersicht über die aktuelle Nutzung von Online-Netzwerken durch das Management für berufliche Themen und zur Beziehungspflege[60]

Trotz der geringeren Mitgliederzahl von XING verglichen mit anderen sozialen Netzwerken (s. Kap. 3.3.1) wird derzeit XING (72% der Befragten) in Deutschland von Managern für berufliche Themen deutlich stärker genutzt als etwa, LinkedIn (39,9%), Facebook (11,4%) und Google+ (6,9%). Da es sich hierbei um eine gemischte Befragung von B2B- und B2C-Unternehmen (mit insgesamt 817 Teilnehmern) handelt, überrascht die relativ geringe Facebook-Nutzung mit einer Ausprägung von 11,4%. Die Ergebnisse legen die Vermutung nahe, dass besonders XING und LinkedIn sowohl für B2C- als auch für B2B-Unternehmen hohe Bedeutung für die Beziehungspflege haben. Darüber hinaus zeigen die Studienergebnisse von LACHENMAIER/VIRTUAL IDENTITY (2009), dass beide Netzwerke auch hinsichtlich der Informationssuche für den B2B-Bereich wichtig sind und damit grundsätzlich einen höheren Stellenwert einnehmen als die sozialen Netzwerke Facebook und Google+. An dieser Stelle ist einschränkend anzumerken, dass jedoch fast ein Fünftel der befragten Manager keines der aufgeführten Online-Netzwerke nutzt.

Abbildung 19 zeigt, dass sich die meisten Entscheider jedoch größtenteils auf die passive Nutzung der Social-Media-Inhalte beschränken. Weniger als ein Drittel beteiligt sich aktiv an Social Media. Die höchste Beteiligung von Managementseite aus können die sozialen Netzwerke (32%), Foren (28%) und Fach-Communitys (20%) verbuchen.

---

[60] Entnommen aus: LAB, 2012: 6

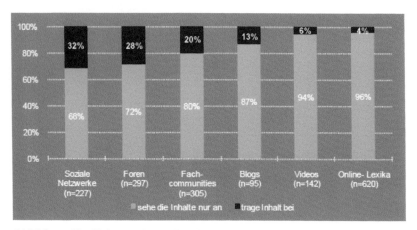

Abbildung 19. Aktive und passive Nutzung von Social-Media-Anwendung durch die B2B-Entscheider[61]

Die Beteiligung an Blogs (13%), Videos (6%) und Online-Lexika (4%) fällt dagegen relativ gering aus. Abbildung 20 zeigt nachfolgend die Nutzungshäufigkeit der Angebote durch B2B-Entscheider.

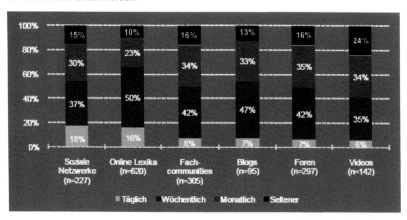

Abbildung 20. Nutzungshäufigkeit der Angebote durch B2B-Entscheider[62]

Der Vergleich zwischen der allgemeinen Angebotsnutzung und der Häufigkeit mit der die einzelnen Angebote genutzt werden (täglich, wöchentlich, monatlich oder seltener) zeigt wiederum, dass, wenn soziale Netzwerke genutzt werden, gut ein Drittel diese zumindest wöchentlich und ein weiteres Drittel wenigstens monatlich nutzen. Ähnlich verhält es sich mit Online-Lexika, die von der Hälfte der Nutzer wöchentlich besucht werden. In diesem Zusammenhang fallen Blogs auf, die nur von 13% der Entscheider für Informationszwecke herangezogen werden, von den 13% aber 47%

---

[61] Entnommen aus: Lachenmaier/Virtual Identity, 2009: 33
[62] Entnommen aus: Lachenmaier/Virtual Identity, 2009: 34

die Blogs dann wöchentlich besuchen. Die Ergebnisse zeigen, dass Entscheider die für sich gewählten Informationsquellen regelmäßig nutzen und darüber erreichbar sind (vgl. Lachenmaier/Virtual Identity, 2009: 34).

Die Studienergebnisse machen deutlich, dass sich Entscheider bevorzugt über Business-Netzwerke, Online-Lexika und Branchenportale sowie Fach-Communitys informieren. Dabei stellen aus Managementsicht die drei wichtigsten Informationsquellen (online und offline) branchenunabhängig das Internet, der direkte Austausch und Schulungen dar (vgl. Lachenmaier/Virtual Identity, 2009: 14). Die Untersuchungsergebnisse werden durch eine aktuellere US-Studie, den „2011 Social Media Marketing Industry Reports" (Stelzner, 2011), in wesentlichen Teilen bestätigt.

Dieses Wissen über die Webnutzung ist etwa für die Marktkommunikation eines Anbieters in Abhängigkeit der jeweiligen Branchenspezifika wichtig, um die Entscheider über Social Media mit kaufrelevanten Informationen versorgen und ihre Aufmerksamkeit wecken zu können. Unter diesem Gesichtspunkt müssen verschiedene, bereits häufiger thematisierte Punkte, berücksichtigt werden.

Die **Auffindbarkeit** des Unternehmens/der Produkte über Suchmaschinen ist relevant, da dies die wichtigste Informationsquelle für Entscheider darstellt (vgl. Lachenmaier/Virtual Identity, 2009: 17). Daraus ergibt sich in Folge der Einsatz gezielter Maßnahmen zur SEO und im Suchmaschinenmarketing (SEM) zur Verbesserung des Rankings in den Suchmaschinen. Ferner erleichtert eine entsprechende Verschlagwortung der Unternehmensinhalte im Social Web die Recherche der Nachfrager und führt sie zu den Informationen, die sie im Kaufprozess benötigen. (vgl. Lachenmaier/Virtual Identity, 2009: 35)

Die **Qualität der Inhalte** spielt ebenfalls eine wichtige Rolle. Neben Benutzern können auch Entscheider Initiatoren sein, die den Bedarf für neue Investitionen erkennen und den Kaufprozess anstoßen. Dafür suchen sie nach relevanten Informationen und bevorzugen in diesem Zusammenhang Seiten, die ihnen folgende Inhalte bieten: technische Datenblätter (77%), Online-Demos (68%), Case Studies (35%), White Paper (31%), Video (27%) und Audio (23%) (vgl. Lachenmaier/Virtual Identity, 2009: 39). Darüber hinaus benötigen Entscheider zur Beurteilung eher strategisch wichtige Informationen, die sich etwa in Case Studies und White Papers finden lassen. (vgl. Lachenmaier/Virtual Identity, 2009: 35)

Social Media bietet den Vorteil, dass Nachfrager sowohl Informationen recherchieren als auch relativ leicht in den **Dialog** mit dem Anbieter treten können, z. B. über die Unternehmensseite, soziale Netzwerke, Twitter oder das Corporate-Blog. Dies muss von Anbieterseite aus entsprechend gewährleistet sein. (vgl. Lachenmaier/Virtual Identity, 2009: 36)

Ergänzend stellt Abbildung 21 noch einmal, basierend auf einer nordamerikanischen Studie (vgl. Hanna, 2009), die Ausprägung der Social-Media-Nutzung in verschiedenen Berufsfeldern dar. Dabei zeigte sich eine überdurchschnittliche Nutzung von Social Media für berufliche Zwecke in den Bereichen Consulting, PR/Unternehmenskommunikation (PR-/Werbeagenturen), Baugewerbe/Immobilien und im Marketing. Eine deutlich unterdurchschnittliche Nutzung wurde im IT-Bereich deutlich. Eine Erklärung dafür gibt die Studie nicht an, Erfahrungswerte legen jedoch den Schluss nahe, dass hier besonders Sicherheitsbedenken, z. B. im Hinblick auf Datenschutz, eine nicht unbedeutende Rolle spielen könnten.

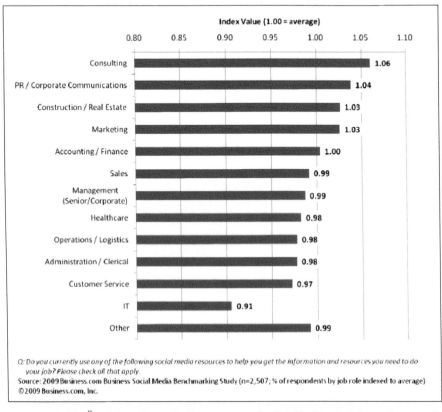

Abbildung 21. Überblick über die Nutzung von Social Media als Informationsquelle nach Berufsfeld[63]

Abschließend zeigt Abbildung 22 im Überblick die verschiedenen Online-Formate und Online-Quellen, die zur Informationsbeschaffung von den Akteuren im Buying Center benutzt werden. Die Grafik gibt einen Gesamtüberblick sowohl über Online- als auch über Social-Media-Formate.

---

[63] Entnommen aus: Hanna, 2009: 6

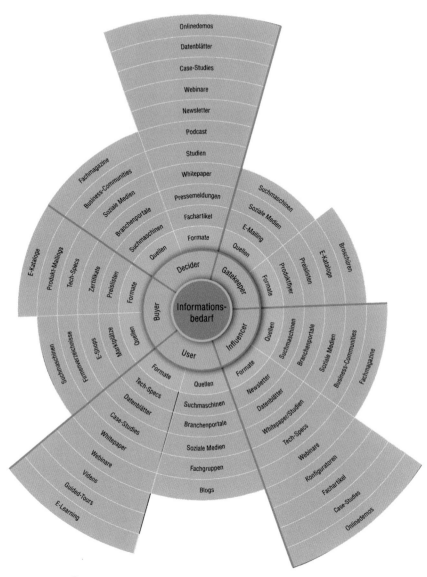

Abbildung 22. Überblick über die Nutzung von Online-Formaten und -quellen im Buying Center[64]

Anmerkung: Neben dem Sammelbegriff *Soziale Medien* werden einzelne wichtige Anwendungen (*Blogs* und *Business-Communitys*) noch einmal separat als eigenständige Informationsquellen aufgeführt.

---

[64] Entnommen aus: www.creative360.de, entnommen aus: http://www.suchradar.de/magazin/archiv/2010/ 1-2010/creative360_Buying-Center_20cm_300dpi.png (Zugriff: 08.07.2012; 13:39 Uhr))

Benutzer (User) greifen dabei auf Suchmaschinen, Branchenportale, Fachgruppen, Blogs und andere soziale Medien zurück, während Informationsselektierer (Gatekeeper) als Informationsquellen Suchmaschinen, E-Mailing und die sozialen Medien heranziehen. Je nach Rolle variieren die Informationsquellen und -formate und machen damit eine zielgruppenspezifische Ansprache möglich. Als die wichtigsten Online-Informationsquellen sind hier Suchmaschinen, die sozialen Medien und Branchenportale zu nennen. Dabei greifen besonders Entscheider (Decider) und Beeinflusser (Influencer) auf eine Vielzahl von Formaten zur Informationsbeschaffung zurück. Abbildung 22 weist Blogs als Informationsquelle ausschließlich den Anwendern zu, während die obigen Studienergebnisse zeigen, dass sich durchaus auch Entscheider über Blogs Informationen recherchieren. Der Einkäufer (Buyer) benötigt basierend auf seiner Rolle und Funktion kaum Informationen aus Social-Media-Anwendungen, nutzt aber andere Online-Angebote (z. B. E-Kataloge) zur Informationsbeschaffung.

In welchem Maße Social-Media-Anwendung die Kaufentscheidung im B2B-Bereich anteilig beeinflussen, kann im Rahmen dieser Untersuchung nicht geklärt werden. Es bleibt festzuhalten, dass Social Media den Kaufprozess unterstützen kann, jedoch nicht den persönlichen Kontakt zwischen den Geschäftspartnern ersetzt.

4.3 Social Media als neuer Kommunikationskanal im Marketing-Mix

Das operative Marketing setzt sich aus den „4 P's" Produkt (*product)*, Preis (*price)*, Distribution (*place)* und Kommunikation (*promotion)* zusammen, die den Marketing-Mix bilden (vgl. Bruhn, 2010a: 9f.). Abbildung 23 zeigt die Marketinginstrumente und ihr Zusammenspiel im Überblick. Je nach Branche, Geschäftstyp, Zielgruppe und Marketingstrategie differieren die Ausprägung der einzelnen Marketinginstrumente und ihre Zusammensetzung.

Social Media gliedert sich dabei als neuer Kommunikationskanal in die Kommunikationspolitik ein und wird in der Regel der Online-Kommunikation zugeordnet. Eine wesentliche Veränderung durch Social Media ergibt sich durch den Wechsel von der Push- zur Pull-Kommunikation (vgl. Hettler, 2010: 75f.). Dieser Paradigmenwechsel zeigt sich im B2C-Geschäft stärker als auf den B2B-Märkten. Im B2B-Bereich sind persönliche Geschäftsbeziehungen und der Dialog wichtig, um eine Vertrauensbasis zu schaffen. Dadurch weisen B2B-Unternehmen in der Regel grundsätzlich eine stärkere Kundennähe auf als B2C-Unternehmen. Darüber hinaus sind die Produkte im B2B häufig erklärungsbedürftig, komplex und/oder bedürfen einer Anpassung an die Kundenwünsche und -bedürfnisse. Die Social-Media-Kommunikation schafft eine Brücke zum Dialog zwischen Kunde und Unternehmen – sowohl im B2B- als auch im B2C-Bereich – und ist damit ein wertvolles Instrument der Kommunikationspolitik im Marketing-Mix.

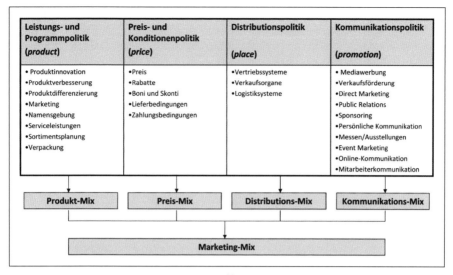

Leistungs- und Programmpolitik (*product*)	Preis- und Konditionenpolitik (*price*)	Distributionspolitik (*place*)	Kommunikationspolitik (*promotion*)
• Produktinnovation •Produktverbesserung •Produktdifferenzierung •Marketing •Namensgebung •Serviceleistungen •Sortimentsplanung •Verpackung	•Preis •Rabatte •Boni und Skonti •Lieferbedingungen •Zahlungsbedingungen	•Vertriebssysteme •Verkaufsorgane •Logistiksysteme	• Mediawerbung •Verkaufsförderung •Direct Marketing •Public Relations •Sponsoring •Persönliche Kommunikation •Messen/Ausstellungen •Event Marketing •Online-Kommunikation •Mitarbeiterkommunikation
Produkt-Mix	**Preis-Mix**	**Distributions-Mix**	**Kommunikations-Mix**

Marketing-Mix

Abbildung 23. Die „4 P's" im Marketing-Mix[65]

Social Media kann dabei als Dialoginstrument direkte Auswirkungen auf die Produktpolitik haben, wenn etwa die Abteilung Forschung & Entwicklung neue Ideen und Wünsche der Kunden aufnimmt, umsetzt und damit Kunden an Innovationen maßgeblich beteiligt sind. Kundenfeedback kann auch im Rahmen der Marktforschung und der Qualitätssicherung[66] eingesetzt werden. Neben der Produktpolitik liegt der klare Schwerpunkt von Social Media jedoch in der Kommunikationspolitik. Als Stichworte sollen an dieser Stelle die Möglichkeit zum Imageaufbau, zur Erhöhung der Markenbekanntheit und Stärkung der Kundebindung genügen.

Social Media verleiht den Kunden eine neue Form von Macht, die besonders im B2C-Bereich zum Tragen kommt (, wie das Beispiel Mass-Effect 3 zeigt). Im B2B-Bereich sind die Abhängigkeiten meist größer als im B2C, weshalb Kunden auch ohne Social Media bis zu einem gewissen Grad Einflussmöglichkeiten auf die Produkt-, Preis-, Konditionen- und Distributionspolitik haben. Die größere Transparenz kann sich nachteilig auf die Preispolitik auswirken, da unterschiedliche Preise und Konditionen (z. B. länderabhängig) durch Social Media schneller bekannt werden und Preisvorteile durch E-Commerce zeitnah ausgenutzt werden können. Auch für die Distributionspolitik eröffnen sich neue kostengünstige Vertriebswege etwa über Twitter (vgl. Weinberg, 2012: 173ff.) oder die Facebook-Shops (vgl. Weinberg, 2012: 244ff.). Für den Kundendienst (vgl. Homburg/Krohmer, 2009: 831) spielt Social Media im Rahmen der Dis-

---

[65] In Anlehnung an: Bruhn, 2010b: 30; Meffert et al., 2008: 20ff.

[66] Hier sei beispielhaft auf die Veröffentlichung des dritten und finalen Teils des Action-Rollenspiels *Mass Effect 3* im Frühjahr 2012 verwiesen, dessen Ende die Fangemeinde nicht zufrieden stellte und zu lauten Protesten veranlasste. Die Entwicklerfirma sah sich gezwungen, das Ende zu korrigieren und brachte im Sommer 2012 eine kostenlose Ergänzung zum bisherigen Spielende auf den Markt, um die Fangemeinde zu beruhigen. Dieses Beispiel zeigt deutlich die Macht, die Nutzer inzwischen durch Social Media gegenüber Unternehmen gewonnen haben.

tributionspolitik eine wichtige Rolle, besonders hinsichtlich komplexer Produkte von B2B-Unternehmen. Hier ermöglicht etwa das Microblogging einen kunden- und dialog-orientierten Service in Echtzeit ((vgl. Weinberg, 2012: 175ff.), der zu einer Differenzie-rung gegenüber dem Wettbewerb beitragen kann.

Dem Marketing eröffnen sich durch die Erweiterung des Marketing-Mixes um die Social-Media-Kommunikation neue Möglichkeiten in der Kundenansprache und Kun-denpflege. Social Media hat dabei Einfluss auf alle vier Bereiche des Marketing-Mixes. Ausgangspunkt für alle Maßnahmen des Marketing-Mixes ist jedoch immer eine Marketingstrategie und daraus abgeleitet analog eine Social-Media-Strategie, die in Kapitel 5 Gegenstand der Betrachtung ist.

5. Beispielhafte Entwicklung eines Social-Media-Auftritts im Rahmen der externen Unternehmenskommunikation

5.1 Grundlagen zur Entwicklung einer Social-Media-Strategie

Der Ausgangspunkt für einen langfristig erfolgreichen Social-Media-Auftritt eines Unternehmens liegt in der Entwicklung einer passenden Social-Media-Strategie, die „auf die Unternehmens- und auf die Kommunikationsstrategie abgestimmt sein und übergreifend für unterschiedliche Unternehmensfunktionen definiert werden" (BITKOM, 2010: 6) muss.

Am Anfang steht dabei die Analyse der bereits im Unternehmen vorhandenen Prozesse, Strukturen und Strategien. Abbildung 24 zeigt dabei die drei Ebenen, die für die Entwicklung und Umsetzung einer Social-Media-Strategie wichtig sind.

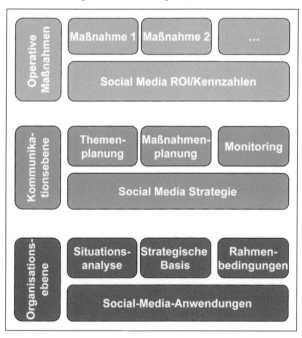

Abbildung 24. Elemente zur Entwicklung und Umsetzung einer Social-Media-Strategie[67]

In der Regel wird in Unternehmen bereits die eine oder andere Social-Media-Anwendung durch die Mitarbeiter für berufliche Zwecke genutzt (z. B. die PR-Abteilung, die Artikel zu relevanten Themen in der Online-Community Wikipedia veröffentlicht oder Beiträge auf Blogs kommentiert). Diese und ähnliche Erfahrungen mit Social Media im Unternehmen sind wertvolle Impulse für die Strategieentwicklung im Rahmen der Unternehmenskommunikation. Das Aufbauen auf Erfahrung entspricht in Teilen *Mintzbergs*

---

[67] Eigene Darstellung in Anlehnung an: Euler, 2011: 52ff.

Strategieverständnis, das unter anderem neben dem klassischen Strategiebegriff („Strategien als Pläne") auch „emergente Strategien" (aus vergangenheitsbezogenen „Mustern") umfasst (Welge/Al-Laham, 2008: 20). Die Social-Media-Strategie wird dabei unter anderem unter Berücksichtigung des POST[68]-Framework entwickelt.

Am Anfang einer Social-Media-Strategie steht eine Situationsanalyse innerhalb des Unternehmens und der externen Unternehmensumwelt. Auf Basis dieser lassen sich anhand einer SWOT-Analyse Handlungsempfehlungen und Ziele ableiten.

Grundsätzlich muss sich ein Unternehmen im Vorfeld überlegen, welche Zielgruppen es über Social Media ansprechen möchte, wie es diese Zielgruppen erreicht und ob bzw. wo sich diese Zielgruppen im Social Web aufhalten (vgl. BVDW, 2011: 18; Grabs/Bannour, 2011: 60ff.). EULER bezeichnet dies als „Stakeholder Research" (Euler, 2011: 53). Davor steht üblicherweise eine Recherche über die Außenwahrnehmung des Unternehmens und dessen Reputation in der Socia-Media-Welt. Dies geschieht mithilfe von „Monitoring" (Euler, 2011: 53) und/oder einer „Sentimentanalyse" (Euler, 2011: 53). Ergänzend erfolgt im Idealfall die Analyse der wichtigsten Konkurrenten im Rahmen eines „Benchmarking" (Euler, 2011: 53), um eine Marktübersicht zu erhalten und von den Best Practices des Wettbewerbers zu lernen (vgl. BVDW, 2011: 18). Auf dieser Ebene gilt es auch, sich erste Gedanken über mögliche Ressourcen und notwendige personelle Kapazitäten für einen Social-Media-Auftritt zu machen, zu überprüfen, ob die Rahmenbedingungen (z. B. Unternehmenskultur) mit den Social-Media-Prinzipien kompatibel und ob die nötigen Strukturen im Unternehmen vorhanden sind (z. B. Zuständigkeiten, Social-Media-Guidelines) (vgl. BDVW, 2011: 18; Euler, 2011: 52ff.).

Die Entwicklung einer Social-Media-Strategie soll dabei anhand eines beispielhaften B2B-Unternehmens aus der Dienstleistungsbranche veranschaulicht werden.

Die *Beispiel Consulting* ist eine eigentümergeführte Unternehmensberatung, die 14 Angestellte besitzt und damit ein Kleinunternehmen darstellt. Die Angestellten sind in folgenden Bereichen tätig: Geschäftsführung (1), Assistenz der Geschäftsführung (1), Consultant (7), PR und Öffentlichkeitsarbeit (1), Marketing/Vertrieb (2), Buchhaltung/Finanzen (1), Vertriebsinnendienst (1), Pre-Sales (1).

Das Unternehmen hat bisher mit verschiedenen Social-Media-Anwendungen wie Facebook, XING, und Twitter experimentiert. Aus Kostengründen und für eine verbesserte Ansprache der Zielgruppe will das Unternehmen stärker in Social Media investieren und benötigt dafür eine Social-Media-Strategie. Die Haupttätigkeit des Unternehmens liegt in der Personalberatung (Recruiting, Talent Assessment und Talent Management) sowie in der Prozessberatung (Qualitätssicherung, Prozessoptimierung und Change Management).

---

[68] POST steht hierbei für „People", „Objectives", „Strategy" und „Technology", die bei der Entwicklung einer Social-Media-Strategie berücksichtigt werden müssen (vgl. Grabs/Bannour, 2011: 60).

Nachfolgend wird exemplarisch eine Situationsanalyse für das Unternehmen skizziert und daraus eine SWOT-Analyse mit möglichen Handlungsempfehlungen erstellt (s. Tab. 8).

Tabelle 8. Zusammenfassung der externen Chancen und Risiken sowie der internen Stärken und Schwächen

	Chancen	Risiken
unternehmensextern	• Qualitätsbewusste, professionelle Kunden • Zielgruppen sind Social-Media-affin • Transparenz des Wettbewerbs (Benchmarking) • kostengünstige Werbemöglichkeiten • Stärkung der Kundenbeziehung durch Dialog • Leadgenerierung durch größere Öffentlichkeit • direktes Feedback der Kundenbedürfnisse	• Dialog mit Buying Center • hohe Marktdichte im Bereich der Unternehmensberatungen • starker Wettbewerb • Nachfragermacht • Verlust der Kommunikationsmacht • hoher Zeit- und Personalaufwand
	Stärken	Schwächen
unternehmensintern	• klare Unternehmensziele • offene, dialogorientierte Unternehmenskultur • flache Hierarchie • qualitativ hochwertige Dienstleistung • hohe Kundenzufriedenheit • positive Mundpropaganda • relativ junges Team mit Social-Media-Erfahrung und -Kenntnissen	• schwache Marke/geringe Markenbekanntheit • keine Social-Media-Guidelines und Social-Media-Policys • durchschnittliche Webseite • mangelnde Kenntnisse über die Stakeholder • begrenzte Mitarbeiterzahl • geringes Werbebudget

Nachfolgend werden die Ergebnisse in eine SWOT-Analyse (S=Strength, W=Weakness, O=Opportunities, T=Threats) zusammengeführt, und mögliche Handlungsempfehlungen sowie Ziele abgeleitet (s. Tab. 9).

81

Tabelle 9. SWOT-Analyse mit möglichen Social-Media-Strategien im Überblick

	Stärken	Schwächen
	1. klare Unternehmensziele 2. offene, dialogorientierte Unternehmenskultur 3. flache Hierarchie 4. qualitativ hochwertige Dienstleistung 5. hohe Kundenzufriedenheit 6. positive Mundpropaganda 7. relativ junges Team mit Social-Media-Erfahrung und -Kenntnissen	1. schwache Marke/geringe Marken-bekanntheit 2. keine Social-Media-Guidelines und Social-Media-Policys 3. durchschnittliche Webseite 4. mangelnde Kenntnisse über die Stakeholder 5. begrenzte Mitarbeiterzahl 6. geringes Werbebudget
Chancen 1. qualitätsbewusste, professionelle Kunden 2. Zielgruppen sind Social-Media-affin 3. Transparenz des Wettbewerbs 4. kostengünstige Werbemöglichkeiten 5. Stärkung der Kundenbeziehung durch Dialog 6. Leadgenerierung durch größere Öffentlichkeit 7. direktes Feedback der Kundenbedürfnisse	**Chancen-Stärken-Strategien** • Verbesserung der Kundenansprache und des Kundendialogs durch gezielten Instrumenteneinsatz • Benchmarking • Optimierung der Beratungsprozesse durch Kundenfeedback • ...	**Chancen- Schwächen-Strategien** • Ausbau der Markenbekanntheit durch ausgewählte Social-Media-Instrumente • Ausbau der Markenbekanntheit durch Social-Media-Beiträge • Ergänzung der Webseite um Social-Media-Anwendungen • ...
Risiken 1. Dialog mit Buying Center 2. hohe Marktdichte im Bereich der Unternehmensberatungen 3. starker Wettbewerb 4. Nachfragermacht 5. Verlust der Kommunikationsmacht 6. hoher Zeit- und Personalaufwand	**Risiken-Stärken-Strategien** • Stärkung der Marke durch Kundenbindungsmanagement • Neukundengewinnung durch Word-of-Mouth-Marketing • Anschaffung flexibler technischer Lösungen für den Social-Media-Einsatz (z. B. Smartphones, Tablets) • ...	**Schwächen-Risiken-Strategien** • Ausbau der direkten Dialoge mit Entscheidern • zusätzliche personelle Verstärkung • Steigerung des Wissens über Zielgruppe durch Social-Media-Instrumente (Marktforschung) • ...

Die SWOT-Analyse hat sowohl Stärken und Schwächen innerhalb des Unternehmens, sowie Chancen und Risiken des Marktes im Zusammenhang mit Social Media verdeutlicht. Im nächsten Schritt müssen die einzelnen Handlungsempfehlungen, die sich hieraus ergeben, bewertet und in Folge mögliche Ziele abgeleitet werden.

5.2 Social-Media-Strategie

Um eine fundierte strategische **Basis** zu schaffen, werden aus der SWOT-Analyse zunächst Ziele abgeleitet. Social-Media-Ziele sollten wie andere Unternehmensziele auch „SMART"[69] definiert sein und über ausgewählte Controlling-Instrumente erfasst werden können (vgl. Euler, 2011: 55). Dies setzt voraus, dass die ausgewählten Kennzahlen ebenfalls messbar und damit erfassbar sind (vgl. Euler, 2011: 55). Diese Kennzahlen werden als Leistungsindikatoren, sog. KPIs („Key Performance Indicator"; Blanchard, 2012: 54) bezeichnet und abhängig davon ausgewählt, was gemessen werden soll (z. B. Visits auf der Firmenwebseite, Umsatzerlös, Angebotsanfragen, Leads, Anmeldung zu Webinaren) (vgl. Blanchard, 2012: 54ff.).

Bevor die qualitativen und quantitativen Social-Media-Ziele definiert werden, muss geklärt sein, welche **Zielgruppe**(n) über Social Media angesprochen werden soll(en), ob einzelne Produkte des Unternehmens über Social Media bekannt gemacht werden oder das Unternehmen als Dachmarke im Vordergrund steht. In diesem Zusammenhang erfolgt im Idealfall auf Basis des durchgeführten Monitorings eine erste Auswahl der Kanäle, über die die Zielgruppe angesprochen werden soll (Soziale Netzwerke, Foren, Portale, Podcasts etc.). (vgl. Euler, 2011: 54ff.; Grabs/Bannour, 2011: 62ff.)

Nachdem die Ziele definiert sind, müssen die vorhandenen **Ressourcen** kritisch betrachtet und bewertet werden. Dazu gehört etwa das finanzielle Budget, das für die Entwicklung des Social-Media-Auftritts und dessen Umsetzung zur Verfügung gestellt werden kann. Darüber hinaus müssen intern die zeitlichen und personellen Kapazitäten, die im Unternehmen vorhandene Social-Media-Kompetenz und ggf. die Notwendigkeit externer Ressourcen (Social-Media-Berater, Outsourcing an Social-Media-Agentur) geklärt werden. Besonders beim Einstieg in Social Media kann es Differenzen zwischen den vorhandenen Ressourcen und geplanten Zielen bzw. zwischen der Strategie allgemein und den im Unternehmen bisher vorhandenen Strukturen geben (z. B. fehlende Social-Media-Guidelines/-Policy, Inkompatibilität der Unternehmenskultur mit Social Media, unklare Verantwortlichkeiten), die bereinigt werden müssen. Aus diesem Grund ist das Schaffen kompatibler Strukturen und die **Integration** von Social Media in die Geschäftsprozesse essentiell. (vgl. Grabs/Bannour, 2011: 68f.; Euler, 2011: 56ff.)

GRABS/BANNOUR (2011: 66ff.) unterscheiden für den Einstieg in Social Media drei mögliche **Strategie-Ansätze**: den „proaktiven", den „reaktiven" und den „passiven" Ansatz. Der passive Ansatz beschränkt sich dabei auf eine reine „Beobachterrolle" mittels Monitoring (Grabs/Bannour, 2011: 68). Der reaktive Ansatz geht mit dem Social-Media-Thema zurückhaltender als der proaktive Ansatz um, reagiert indessen im Gegensatz zum passiven Ansatz direkt auf Kommentare. Der proaktive Ansatz arbeitet gezielt mit Social Media und nutzt deren Instrumente zum direkten Dialog mit den Kunden und zur Beziehungspflege. (vgl. Grabs/Bannour, 2011: 66f.)

---

[69] SMART = spezifisch, messbar, anspruchsvoll, realistisch, terminierbar (Euler, 2011: 55)

Grundsätzlich ist es wichtig, die Social-Media-Strategie nicht losgelöst von der Kommunikations- bzw. von der ihr übergeordneten Marketingstrategie zu betrachten und zu entwickeln. Von den Zielen abgeleitet, können dann die Themen- und Maßnahmenplanung sowie die Möglichkeiten des Monitorings betrachtet werden.

Als **Funktionalziele** wurden für das Marketing der *Beispiel Consulting* folgende Ziele für das Jahr 2013 definiert:

- Zugewinn an Neukunden bis Ende 2014 um 10%

- Umsatzsteigerung im Bereich Recruiting durch verbesserte Kundenrecherche und -ansprache (potentielle Bewerber/Freiberufler und Unternehmen) bis Ende 2013 um 5%

- Erhöhung des Bekanntheitsgrades der Marke *Beispiel Consulting* in Deutschland um 10%

- Verbesserung des Kundenbeziehungsmanagements durch stärkere Einbindung der Unternehmen über gezielte Maßnahmen der Kommunikationspolitik

- Verbesserung der Konversionsrate von Beratungsangeboten in Projekte um 5%

Dies führt beispielsweise zu folgenden **Instrumentalziele** in der Kommunikationspolitik:

- Erhöhung der Leadgenerierung durch direkte Ansprache auf Basis neuer Medienkonzepte

- Stärkung der Marke durch verbesserte Wahrnehmung in den Fachmedien (online und offline)

- Intensivierung der Kundenbeziehungen durch Entwicklung neuer Dialogmöglichkeiten zwischen den Geschäftspartnern

Für den **Social-Media-Einsatz** lassen sich auf Basis der aus den Funktionalzielen abgeleiteten Kommunikationsstrategie konkret folgende **Ziele** festhalten:

- Unterstützung der Leadgenerierung und Neukundengewinnung durch Einsatz gezielter Social-Media-Instrumente

- Entwicklung von Themen- und Redaktionsplänen für den Social-Media-Auftritt

- Verbesserung und Beschleunigung des Kundendialogs durch Einsatz ausgewählter Social-Media-Instrumente

- Erreichen einer Zahl von 500 RSS-Abonnenten des Corporate-Blogs in den ersten sechs Monaten nach Launch des Blogs

Das Consulting-Unternehmen stellt fest, dass es sich im Vorfeld noch einmal intensiv mit dem Thema Stakeholder-Research auseinandersetzen und entscheiden muss, welche Zielgruppe(n) in der Social-Media-Strategie berücksichtigt werden, wo sich die Zielgruppe im Social Web finden lässt und wie man sie dort ansprechen kann.

Das führt die *Beispiel Consulting*, bevor sie eine Social-Media-Strategie wählt, zu der Frage, über welche Kanäle die Zielgruppen im Social Web angesprochen werden sollen (Soziale Netzwerke, Business-Netzwerke, Corporate-Blogs, Microblogs, Videoportale, Webinare etc.). Da das Unternehmen insgesamt nur 15 Personen umfasst, muss entschieden werden, wer welche Aufgaben übernimmt, wer welche Befugnisse hat, ob alle am Social-Media-Auftritt beteiligt sind oder nur ausgewählte Mitarbeiter. Diese Frage ergibt sich aus den begrenzten personellen und zeitlichen Ressourcen sowie den begrenzten finanziellen Ressourcen für das Werbebudget. Entsprechend muss der Mitteleinsatz geklärt und an die Gegebenheiten angepasst werden.

5.3 Umsetzung der Social-Media-Strategie

Abschließend erfolgt die Umsetzung der Social-Media-Strategie, indem die einzelnen Maßnahmen in Abhängigkeit der Ressourcen und Gegebenheiten im Unternehmen geplant werden. Dabei macht es Sinn, sich zunächst auf einen kleinen Kern an Maßnahmen zu konzentrieren, die dafür gewählten Kanäle jedoch intensiv zu bearbeiten. Das Social-Media-Monitoring und die Ermittlung von Social-Media-Kennzahlen sind dabei für eine Überprüfung der Zielerreichung essentiell.

Die *Beispiel Consulting* legt fest, dass sie im Zusammenhang mit der Social-Media-Strategie dem proaktiven Ansatz folgen. Basierend auf dieser Entscheidung und bedingt durch die begrenzte Zahl an Mitarbeitern beschließt die Geschäftsführung, dass alle Mitarbeiter nach einer Schulung entsprechend ihren zeitlichen Möglichkeiten an den verschiedenen Social-Media-Anwendungen teilhaben sollen. Der Mitarbeiterin für PR und Öffentlichkeitsarbeit wird nach einem Gespräch mit der Geschäftsführung die Aufgabe der Social-Media-Koordinatorin (vgl. Grabs/Bannour, 2011: 70f.) übertragen. Zu ihrer Unterstützung wird für die ersten drei Monate ein Social-Media-Berater bereitgestellt, der zweimal wöchentlich vor Ort ist und sie zunächst zu dem Thema Social Media schult und für Fragen zur Verfügung steht. Nach der Schulung werden in Zusammenarbeit mit dem Berater, der Social-Media-Koordinatorin, der Geschäftsführung, zwei Consultants und der Marketingleiterin Social-Media-Guidelines und -Policys für das Unternehmen entwickelt. Die Ergebnisse werden den restlichen Mitarbeitern in regelmäßigen Meetings vorgestellt und diskutiert. Am Ende wird das gesamte Mitarbeiterteam entsprechend im Umgang mit Social Media geschult und das weitere Vorgehen in Workshops geplant.

Im Rahmen der Entwicklung der Social-Media-Strategie wurde durch eine erneute Analyse der Zielgruppe beschlossen, sich zunächst auf zwei Kanäle zu beschränken: das Business-Netzwerk XING und ein eigenes Corporate-Blog. XING ist das optimale Portal zur Dialogmöglichkeit mit Entscheidern und Personalexperten und bietet darüber hinaus durch das Beitreten zu ausgewählten Gruppen, Möglichkeiten zum fachlichen Austausch und zur Darstellung des Expertenwissens. Da fast alle Consultants XING bereits als Plattform nutzen und positive Erfahrungen damit gemacht haben, wird das Netzwerk nach weiteren Optimierungsmöglichkeiten des Auftritts untersucht. Es wird beschlossen, zusätzlich ein Unternehmensprofil in XING anzulegen, das die Tätigkeitsfelder des Unternehmens weiter erläutert.

Das Corporate-Blog bietet ebenfalls die Möglichkeit branchenrelevante Themen anzusprechen und somit die Marke im Zusammenhang mit dem Thema Prozessberatung zu etablieren. Durch eine entsprechende SEO wird die Auffindbarkeit über die Suchmaschine Google erhöht. Ergänzend werden im Rahmen des SEM Anzeigen auf Google geschaltet.

Die Social-Media-Koordinatorin der *Beispiel* Consulting spricht in regelmäßigen Team-Meetings die Themenplanung durch und erstellt einen Redaktionsplan – abhängig von den zeitlichen Kapazitäten der Mitwirkenden (vgl. Euler, 2012: 59; Grabs/Bannour, 2011: 71ff.). Ziel des Blogs ist es, die Kommunikation zu Interessenten und Kunden qualitativ zu verbessern und zu beschleunigen, indem der Blog lösungsorientierte Antworten für die Suchenden mit Kommentarfunktion und direkten Kontaktmöglichkeiten bereithält. Inhalte des Blogs werden sein: aktuelle Studien zu den Themen Qualitätsmanagement, Change Management und Prozessoptimierung, Fallbeispiele aus der Praxis und entsprechende Anwendungsberichte. Das Blog wird, um dessen Bekanntheit und Verbreitung zu beschleunigen, in die Unternehmenswebseite integriert und die URL in die XING-Profile aufgenommen.

Sollten diese Maßnahmen gut anlaufen und freie Kapazitäten bei den Mitarbeitern vorhanden sein, wird das Unternehmen darüber nachdenken, das Angebot zu erweitern, z. B. Erweiterung der Kontakte durch Beitritt zum Business-Netzwerk LinkedIn und Ausbau des Corporate-Blogs durch das Angebot von Webinaren. Da das Unternehmen so authentisch wie möglich in den sozialen Medien agieren will, kommt ein Outsourcing der Aktivitäten nicht in Frage. Sollten die Social-Media-Aktivitäten hinsichtlich der Zielerreichung Erfolg zeigen, überlegt sich die Geschäftsführung, falls notwendig, das Team entsprechend auszubauen und einen neuen Mitarbeiter einzustellen.

Es werden regelmäßige Teamworkshops geplant, um die Social-Media-Kompetenz aller Beteiligten weiter zu fördern. Für das Monitoring und die Feststellung der Kennzahlen zeichnet sich die Marketingleiterin in Zusammenarbeit mit der Geschäftsführung verantwortlich. Für das Monitoring setzt das Unternehmen „Google Alerts" (vgl. Grabs/Bannour, 2011: 107f.), die Google Suche, z. B. für das Monitoring von Blogs (vgl. Grabs/Bannour, 2011: 104f.) sowie für die Google Anzeigen Google Analytics ein. Die Informationen werden in einem Social-Media-Dashboard zusammengetragen (z. B. Netvibes) (vgl. Grabs/Bannour, 2011: 109ff.). Das Unternehmen verzichtet aufgrund der eigenen Größe aktuell auf kostenpflichtige Instrumente zum Social-Media-Monitoring. Gemessen werden zur Ermittlung von Kennzahlen etwa (vgl. Blanchard, 2012: 267f.; Grabs/Bannour, 2011: 114f.):

- Anzahl der Kontakte auf XING

- Neue Kontakte über XING

- Click-Throughs (eingehend über das Corporate-Blog)

- Anfragen über das Corporate-Blog

- Positive Meldungen zum Unternehmen im Social Web („Sentiment")

- Lob, das direkt an das Unternehmen gerichtet ist

- Negative Meldungen zum Unternehmen im Social Web

- Kritik/Beschwerde, die direkt an das Unternehmen gerichtet ist

- Zahl der RSS-Abonnenten

- Zunahme der Besucher der Webseite

- Anzahl der Kommentare zu einem neuen Blog-Beitrag

Daraus können entsprechende materielle und immaterielle Ergebnisse abgeleitet werden (vgl. Blanchard, 2012: 268), wie z. B.:

- Verbesserung der Konversionsrate bei XING-Kontakten um 3%

- Umsatzsteigerung über XING von 3%

- Gesteigerte Leadgenerierung über das Blog mit einem Anstieg der Anfragen um 10%.

- Positive Resonanz auf den Corporate-Blog durch steigende Abonnentenzahlen und eine steigende Anzahl (positiver) Kommentare

Die Ergebnisse werden beispielbezogen dargestellt und erheben keinen Anspruch auf Vollständigkeit, sondern werden aufgeführt, um die Kennzahlenermittlung und deren Beurteilung zu demonstrieren. Darüber hinaus können für die Erfolgsmessung weitere Kennzahlen herangezogen werden, wie etwa „Zufriedenheits-Score", „Diskussionsreichweite", „Mentions", „Reach", „Share of Voice" (vgl. Grabs/Bannour, 2011: 97f. & 114f.). Besonders die Sentimentanalyse ist im Hinblick auf die Reputation des Unternehmens im Social Web wichtig.

Für den Social-Media-Einstieg stellt das Unternehmen ein Budget von 25.000 Euro für den Social-Media-Berater und für Schulungen zur Verfügung. Darin sind auch erste technische Anschaffung für die Mitarbeiter eingerechnet, die die meisten Berührungspunkte mit Social Media im Unternehmen haben, um flexibel arbeiten und möglichst zeitnah (innerhalb von 24 Stunden) auf Anfragen reagieren zu können (z. B. Tablet-PCs, Smartphones). Diese Ausgaben belaufen sich auf 6.000 Euro.

Die Partizipation am Social Web birgt nicht nur Chancen sondern auch Risiken (s. Kap. 3.4). Wer sich am Social Web beteiligt, öffnet sich für Lob aber auch für Kritik. Man muss auf den Krisenfall vorbereitet sein und benötigt einen Krisenplan, der einer schnellen Umsetzung bedarf. Des Weiteren können auch, wie in den klassischen Medien, einzelne Medien in wirtschaftliche Probleme geraten, wie etwa derzeit die VZ-Netzwerke (StudiVZ und MeinVZ), die eine schrumpfende Mitgliederzahl aufweisen, sich wirtschaftlich nicht mehr tragen und umbenannt oder ganz gelöscht werden (vgl. Reißmann/Spiegel Online, 11.06.2012). Diese Gefahr müssen Unternehmen ebenfalls in ihrer Social-Media-Strategie berücksichtigen.

6. Fallbeispiele aus dem B2B-Bereich

6.1 Durchführung von Experteninterviews

Um neben aktuellen Studien und Literatur zum Themengebiet „Social Media in der Unternehmenskommunikation" für den B2B-Bereich die Praxis nicht außen vor zu lassen, werden in Kapitel 6 drei verschiedene B2B-Unternehmen und ihre Nutzung des Social-Media-Angebots vorgestellt. Um den Unternehmen in diesem Buch eine Stimme zu verleihen und zusätzlich zu den Fallbeispielen aktuelle Meinungen aus den Unternehmen in das Werk einfließen zu lassen, wurden die Unternehmensvertreter kontaktiert und um ein schriftliches Interview sowie die Beantwortung einiger offener Fragen zu dem Thema des Buches gebeten. Nachfolgend sind die sieben Interviewfragen dargestellt[70]:

1. Was sind die wichtigsten Beweggründe für das Social-Media-Engagement Ihres Unternehmens?
2. Welche Social-Media-Anwendungen sind Ihrer Erfahrung nach im B2B besonders erfolgreich und warum?
3. Welche Herausforderungen hinsichtlich Social Media erleben Sie in Ihrem geschäftlichen Alltag mit Ihren Kunden?
4. Was sind Ihrer Meinung nach die drei wichtigsten Punkte, die B2B-Unternehmen heute bei Social Media beachten müssen?
5. Wie sieht es Ihrer Erfahrung nach mit der Social-Media-Nutzung in Ihrer Branche allgemein aus?
6. Welche Vorteile sehen Sie für B2B-Unternehmen gegenüber B2C-Unternehmen beim Social-Media-Einsatz?
7. Was würden Sie anderen B2B-Unternehmen empfehlen, wenn es um die Entscheidung geht „Social Media – ja oder nein?"?

Die Teilnehmer für die Interviews wurden über das Business-Netzwerk XING oder direkt per E-Mail kontaktiert. Dabei wurden Unternehmensvertreter ausgewählt, die entweder eine Position im Bereich der Unternehmenskommunikation, im Bereich Social Media oder in der Geschäftsführung einnahmen. Insgesamt wurden über 20 Unternehmensvertretern aus verschiedenen Unternehmen angeschrieben und um ein Interview gebeten. Die vollständigen Antworten der Interviews finden sich in Anhang A2. Ziel war es, B2B-Unternehmen aus verschiedenen Branchen für Fallbeispiele zu gewinnen, diese Unternehmen vorzustellen, um ein möglichst breites Bild verschiedener Branchen und deren Social-Media-Engagement aufzuzeigen.

Basierend auf den Aussagen der Unternehmensvertreter und der Informationen aus den Fallbeispielen zeigt sich, welche Social-Media-Anwendungen in der Praxis von B2B-Unternehmen Relevanz besitzen.

---

[70] Die Lufthansa Cargo AG erhielt noch zwei ergänzende Fragen speziell zu ihrem Mitarbeiter-Blog:
8. *Was waren die Gründe für die Einführung des Mitarbeiter-Blogs?*
9. *Welche Veränderungen (positiv/negativ) konnten Sie dadurch für die interne Kommunikation und bezüglich des Austauschs der Kollegen und Kolleginnen untereinander beobachten?*

6.2 Fallbeispiel 1: Social-Media-Einsatz bei der *Westaflex GmbH*

Die Westaflex GmbH ist ein mittelständiges Unternehmen mit Sitz in Gütersloh, das 1933 von Ferdinand Westerbarkey und dessen Brüdern Leonhard und Lorenz gegründet wurde. Heute wird das Unternehmen von Jan und Dr. Peter Westerbarkey geleitet. Das Familienunternehmen beschäftigt in Deutschland ca. 250 Mitarbeiter. Durch Lizenznehmer und Tochtergesellschaften beläuft sich die Zahl der Beschäftigten der international tätigen Westa-Gruppe auf ungefähr 2.700. (vgl. Westaflex, 2012)

Das Familienunternehmen produziert an zwei Standorten in Deutschland (Gütersloh, Salzwedel) Produkte für den Fachhandel und die Industrie. Die Produkte werden für den Einsatz in der Luft- und Klimatechnik (z. B. Flex- und Wellrohre), der Akustik (z. B. Schalldämpfer), der Wohnungslüftung und Abgastechnik (z. B. Schornsteine) gefertigt. Neben den Haustechnik-Produkten ergänzen gewerbliche Produkte und der Maschinenbau die Unternehmensbereiche. Für Westaflex ist Deutschland der größte Absatzmarkt (41%) vor den Niederlanden, Schweiz und Frankreich. 60% des Gesamtumsatzes stammen dabei aus den gewerblichen Produkten (z. B Automobilzubehör), die restlichen 40% generieren sich aus der Sparte Schornstein/Wohnungslüftung. (vgl. Westaflex 2012)

Westaflex ist damit ein klassisches B2B-Unternehmen im Bereich Industrie, das im Zusammenhang mit den gewerblichen Produkten stärker dem Zuliefergeschäft zuzuordnen ist, während die Haushaltstechnik über den Fachhandel eher dem Produktgeschäft entspricht.

Die Social-Media-Aktivitäten der Westaflex GmbH sind vielfältig. Zentrum des Social-Media-Auftritts ist die Firmenwebseite (http://www.westaflex.com), die zur Verbesserung des Kundendialogs mit den Unternehmensprofilen auf Twitter, LinkedIn, Google+, Facebook, YouTube und Pinterest (Fotoportal) verlinkt ist. Die Besucher haben dadurch die Möglichkeit, direkt mit dem Unternehmen in Kontakt zu treten und Feedback zu geben. Das Unternehmen ist zusätzlich auf Wikipedia vertreten. Auf der Firmen-Webseite selbst sind das Corporate-Blog und der Social-Media-Newsroom des Unternehmens eingebunden, die ebenfalls die Kunden und Interessenten informieren aber auch zu Kommentaren anregen sollen. Beim Corporate-Blog handelte es sich zu Beginn um eine eigenständige Seite (vgl. Pleil, 2010: 70), die nun jedoch, wie beschrieben, in die Firmen-Webseite integriert wurde und damit die Verbreitung des Blogs positiv beeinflusst und über die Suchmaschinen wiederum das Ranking der Fimen-Webseite verbessert.

Gleiches gilt für den Newsroom, der für Außenstehende ein zentrales Element des Social-Media-Auftritts von Westaflex darstellt. Der Social-Media-Newsroom sammelt sämtliche Informationen aus den unterschiedlichen Social-Media-Aktivitäten – d. h. dem Blog, Twitter, Flickr, YouTube, Podcasts – und verdichtet diese Informationen für Interessenten, Kunden und Pressevertreter, die damit aktuelle Meldungen und Ereignisse auf einen Blick erfassen können (vgl. Abb. 25). Der Newsroom bietet ferner die Möglichkeit, Neuigkeiten aus den gewünschten Bereichen über ein RSS-Feed zu abonnieren oder diese mobil über eine Google Current App für mobile Endgeräte (z. B. Smartphone, iPhone, iPad, Tablet-PC) zu erhalten. (vgl. Westaflex Newsroom, 2012)

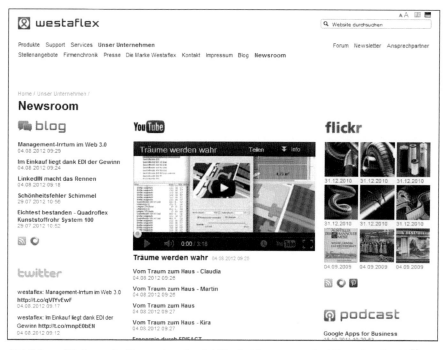

Abbildung 25. Ausschnitt aus dem Social-Media-Newsroom der Westaflex GmbH[71]

---

[71] Entnommen aus: Westaflex Newsroom, 2012

Der gesamte Social-Media-Auftritt der Westaflex GmbH ist durch ein einheitliches Corporate Design geprägt, besonders durch das Westaflex-Logo. Dies erhöht den Wiedererkennungseffekt bei den verschiedenen Auftritten, gleichzeitig werden der Gesamtauftritt des Unternehmens sowie die Marke gestärkt. Die vielfältigen Aktivitäten verbessern das Ranking und die Wiederauffindbarkeit des Unternehmens in den Suchmaschinen[72].

Abbildung 26. Ausschnitt aus dem Twitter Account der Westaflex GmbH[73]

Jan Westerbarkey, Geschäftsführender Gesellschafter der Westaflex GmbH, gibt als Hauptgrund für das starke Social-Media-Engagement des Unternehmens an, „auf Augenhöhe mit unseren Anwendern sein zu wollen. (…) Es ist ein Dialog-Angebot anstatt eines ein-seitigen Webseiten-Auftritts." (Westerbarkey, A2: 114). Westaflex bedient dabei die Instrumente mit teils unterschiedlichen Inhalten. Auf Twitter werden die Meldungen und Neuigkeiten aus den verschiedenen Bereichen als Kurznachrichten und Verlinkungen veröffentlicht (s. Abb. 26).

Auf YouTube gibt es einen eigenen *Westaflex Kanal*, auf dem etwa Anwendungsvideos gezeigt werden (z. B. Beschreibung eines Filtertauschs) (vgl. Westaflex YouTube, 2012) (s. Abb. 27).

---

[72] Beispielsweise erscheint bei einer Suche nach dem Stichwort „Wohnungslüftung" das Unternehmen in der Google-Suchmaschine (nach den gekauften Werbeanzeigen) unter den ersten zehn Suchergebnissen auf der 1. Ergebnisseite (Stand: 01.08.2012, 20:19 Uhr).
[73] Entnommen aus: Westaflex Twitter, 2012

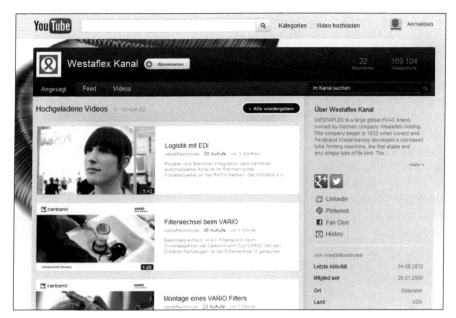

Abbildung 27. Ausschnitt aus dem Westaflex Kanal auf YouTube[74]

Auf Facebook präsentiert das Unternehmen seine Angebote dem *Westaflex Fan Club*, der unter anderem auch Hausbesitzer allgemein anspricht und daneben offene Stellen zeigt (vgl. Westaflex Facebook, 2012). Ähnlich verhält es sich mit dem Netzwerk Google+ (vgl. Westaflex Google+, 2012). Auf LinkedIn bietet der Haustechnik-Hersteller dagegen im Business-Netzwerk unter anderem neben den Angaben zu den Produkten auch Informationen zu Themen wie einer Dualen Ausbildung bei Westaflex und zu Open-Source-Lösungen sowie Apps (LinkedIn Westaflex, 2012) (s. Abb. 28).

Westerbarkey betont dabei den für Westaflex wichtigen Aspekt der „Offenheit und Kommunikation" (Westerbarkey, A2: 114), der für ihn im B2B-Geschäft und im Vertrieb besonders im Zusammenhang mit Produkten und Preisen nicht selbstverständlich gegeben ist (vgl. Westerbarkey, A2: 114). Für Westaflex sind diese Werte jedoch essentiell, um „Marke und Image aufrecht zu erhalten." (Westerbarkey, A2: 114), weshalb das Unternehmen Open-Source-Lösungen und „Hersteller-neutrale Apps" bevorzugt und diese den eigenen Kunden zur Verfügung stellt (Westerbarkey, A2: 114). Westaflex verfolgt diesen Gedanken konsequent auch in der internen Kommunikation, indem unternehmensweit ein Wiki – *westapedia* – eingesetzt wird, das den Mitarbeitern zur Verfügung steht, um abteilungsübergreifend relevante Artikel zu posten und damit das Wissen innerhalb des Unternehmens langfristig zu sichern (vgl. OpenPR, 06.07.2010). Dabei stehen die Inhalte nicht nur den Mitarbeitern zur Verfügung, sondern auch Kunden, die extern auf das Wiki zugreifen können (vgl. OpenPR, 06.07.2010). Ähnliches gilt

---

[74] Entnommen aus: Westaflex YouTube, 2012

für das als Instant-Messaging-System für die Mitarbeiter eingerichtete *WestaTwit*, das an Twitter angelehnt ist und die Kommunikation im Unternehmen unterstützen und erleichtern soll (vgl. Westaflex Blog, 2012). Aufgrund der Geschwindigkeit technischer Innovationen ergeben sich neue Chancen auch für die interne Kommunikation, etwa indem „die internen Anwendungen auf einer Start-Portalseite grafisch zusammen geführt werden" (Westerbarkey, A2: 114). Gleichzeitig „[lässt d]ie Innovations-Geschwindigkeit (…) die schrittweisen Anpassungen der eigenen Hausprogramme weniger erfolgreich und auf jeden Fall zu langsam dastehen." (Westerbarkey, A2: 114). Der geschäftsführende Gesellschafter der Westaflex GmbH würde anderen Unternehmen ein Engagement im Social Media-Bereich empfehlen, da „Offenheit Vertrauen [erzeugt] und langfristigen Unternehmenserfolg [garantiert], selbst in einer durch Patentstreitigkeiten geprägten Technikwelt. Vertrauen und Dialogbereitschaft sind ebenfalls Basis für Kooperationen mit Lieferanten." (Westerbarkey, A2: 117).

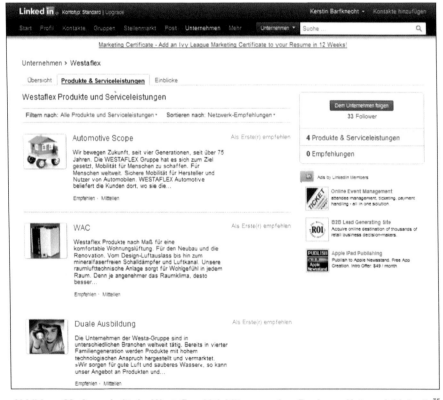

Abbildung 28. Ausschnitt der Westaflex-Aktivitäten aus dem Business-Netzwerk LinkedIn[75]

---

[75] Entnommen aus: Westaflex LinkedIn, 2012

Als Herausforderung sieht Westerbarkey, dass die Kommunikation nicht mehr in gewohntem Maße von Unternehmen gesteuert und kontrolliert werden kann (vgl. Westerbarkey, A2: 115) und „[g]anze Vertriebswege, Zwischenstufen, Abwicklungen und Verfahren durch Web 2.0-Technologien in Frage gestellt [werden]" (Westerbarkey, A2: 115). Als Chance betrachtet er die neue Breitenwirkung, die Mittelständler und Dienstleister durch Social Media erreichen können und weist darauf hin, dass das „Verhältnis zu den Kunden und Lieferanten (…) inniger und partnerschaftlicher [wird], sofern die Unternehmenskultur die neuen Medien-Möglichkeiten annimmt" (Westerbarkey, A2: 115). Bei Westaflex selbst lebt die Geschäftsführung die offene Unternehmenskultur vor und hat positive Erfahrungen damit gemacht.[76] Die Organisation ermöglicht den Mitarbeitern durch Lösungen wie Westapedia, das Blog, Twitter etc. selbst Inhalte beizutragen und in Foren offen zu diskutieren (vgl. Westaflex Blog, 2012). Als Grundvoraussetzung hierfür und des Weiteren für den erfolgreichen Social-Media-Auftritt nennt der Geschäftsführer unter anderem seitens der Unternehmensführung „die absolute Rückendeckung für die Mitarbeiter, als Markenbotschafter auftreten zu dürfen (…) und [d]ie Medien-Kompetenz der Mitarbeiter (…) zu stärken, damit diese sich genauso frei und kompetent bewegen können." (Westerbarkey, A2: 115). Die Mitarbeiter erhalten das entsprechende Vertrauen und Freiräume, in denen sie nach eigenem Gutdünken und in eigener Verantwortung agieren können. Dies betrifft neben der Social-Media-Kommunikation auch das Social-Media-Monitoring (vgl. Westerbarkey, A2: 115). Westaflex verzichtet beispielsweise explizit auf Social-Media-Guidelines für die Mitarbeiter und setzt auf deren „gesunden Menschenverstand" (Westerbarkey, A2: 115).

Bei B2B-Unternehmen zeigen sich gewisse Abhängigkeiten von Branchengegebenheiten und den Geschäftstypen. Grundsätzlich gilt im B2B-Bereich ein Social-Media-Engagement als weniger wichtig als im B2C-Bereich, auch wenn die Bedeutung in den letzten Jahren stetig zugenommen hat und voraussichtlich zukünftig weiter ansteigen wird (vgl. BITKOM, 2012: 19). Besonders in dem Bereich Industrie/Baugewerbe nutzen lediglich 34% der Unternehmen Social-Media-Instrumente (vgl. BITKOM, 2012: 19). Westaflex befindet sich dementsprechend bei dem gut einen Drittel der Unternehmen, die Social Media bereits einsetzen und möglicherweise die Zeichen der Zeit frühzeitig erkannt haben. Westerbarkey (A2: 116) sagt dazu: „Es vollzieht sich im wahrsten Sinne ein Generationswechsel. Bei jungen Fach- und Führungskräften gibt es sogar eine Erwartungshaltung in Bezug auf soziale Medien (…)." Dies bestätigt die bereits in Kapitel 4.2 angesprochene Studie von Lachenmaier/Virtual Identity (2009), die feststellen konnte, dass 83% der Entscheider Social Media etwa zu Informationszwecken nutzen (vgl. Lachenmaier/Virtual Identity, 2009: 32). Westerbarkey sieht für das Unternehmen den Vorteil und die Notwendigkeit durch die schnellen Entwicklungen innerhalb der Branche, mithilfe von Social Media „ganz nah am Markttrend zu sein" (Westerbarkey, A2: 116).

---

[76] „Am erfolgreichsten waren bei uns jene Projekte, die aus Ideen des betrieblichen Vorschlagswesens stammten." (Westerbarkey, A2: 115)

Jan Westerbarkey betrachtet ein Social-Media-Engagement für B2B-Unternehmen als positiv, besonders – wie in seinem Fall – bei einem traditionsreichen Familienunternehmen im Mittelstand. „Mit multimedialem Engagement wird ein Unternehmen nicht als abgehoben, sondern als sozial wahrgenommen. Wenn gerade Familien-Unternehmen durch ihre Mitarbeiter und wiederum durch ihre Familien abgebildet werden, ist Social Media angekommen: in der Normalität." (Westerbarkey, A2: 117).

6.3 Fallbeispiel 2: Social-Media-Einsatz bei der *Bayer AG*

Die Bayer AG ist ein international tätiges Unternehmen mit Hauptsitz in Leverkusen. Gegründet wurde die Bayer AG im Jahr 1863 als „Offene Handelsgesellschaft *Friedr. Bayer et comp.*" (Bayer, 2012) in Barmen (Wuppertal) von Friedrich Bayer und Johann Friedrich Weskott, um synthetische Farbstoffe herzustellen und zu verkaufen (vgl. Bayer, 2012). Von 1881 an entwickelt sich Bayer zu einem international tätigen Chemieunternehmen und expandiert in unterschiedliche Geschäftsbereiche. Eine der bekanntesten Entwicklungen des Bayer-Unternehmens aus dieser Zeit ist das Aspirin (1899). 1912 wird Leverkusen zum neuen Firmensitz des Unternehmens.

2011 beschäftigt Bayer 112.000 Mitarbeiter in mehr als 300 Gesellschaften weltweit, davon sind 35.800 Beschäftigte in Deutschland angestellt. Die drei zentralen Geschäftsfelder des Konzerns liegen im Bereich Gesundheit (*Bayer HealthCare*), Ernährung (*Bayer CropScience*) und hochwertige Materialien (*Bayer MaterialScience*). Ergänzt werden diese Bereiche durch die Servicegesellschaften (*Bayer Business Services, Bayer Technology Services* und *Currenta*). Die eigenverantwortlich tätigen Teilkonzerne und Servicegesellschaften befinden sich unter dem strategischen Dach der Bayer AG. Der Konzern erwirtschaftete im Geschäftsjahr 2011 36,5 Mrd. Euro. Dabei ergibt sich folgende Umsatzverteilung: 29,7% des Umsatzes im Bereich MaterialScience, 19,9% in CropScience und der stärkste Bereich HealthCare mit 47%. (vgl. Bayer, 2012)

Die drei Hauptgründe für den Social-Media-Einsatz bei Bayer sind nach Thomas Helfrich, Social Media and Executive Support bei der Bayer AG, der „Auf- und Ausbau der Online-Identität", das „Reputation Management" und das „Employer Branding" (Helfrich, A2: 118). Die Bayer AG ist in dieser Hinsicht in verschiedenen Social-Media-Anwendungen vertreten und nutzt diese als zusätzliche Möglichkeiten, um mit den verschiedenen Anspruchsgruppen direkt kommunizieren zu können (vgl. Bayer Social Media, 2012). Die nachfolgende Tabelle 10 zeigt einen Überblick über die umfangreichen Social-Media-Aktivitäten der Bayer AG in den einzelnen Unternehmensbereichen deutschlandweit:

Tabelle 10. Überblick über die Social-Media-Aktivitäten der Bayer AG in den verschiedenen Konzernen (in Deutschland)[77]

Social-Media-Tool	Bereich bei der Bayer AG	Aktivität
Facebook	Bayer	Beiträge, Fotos und Videos zur Unternehmensgeschichte und aktuellen, allgemeinen Themen, die die Bayer AG im Ganzen berühren (z. B. Sponsoring, Corporate Citizenship) (vgl. Bayer Facebook, 2012)
	Bayer HealthCare	Meldungen, Beiträge, Bilder etc. über gesundheitliche Themen/Anekdoten und rund um Bayer HealthCare (vgl. Bayer Facebook Bayer HealthCare, 2012)
	Bayer CropScience Deutschland	Meldungen, Bilder, Videos, Newsletter etc. rund um CropScience Deutschland und landwirtschaftliche Themen (z. B. Erntewetter etc.) (vgl. Bayer Facebook Bayer CropScience Deutschland, 2012)
	Jobs und Karriere	Facebook-Seite mit Beiträgen zum Thema Karriere bei Bayer inkl. aktueller Stellenangebote, Informationen im Karriere-TV von Bayer, Veranstaltungshinweisen und einem Link zum Karriere-Blog (mit Hinweis auf die Kommentarrichtlinien) von Bayer (vgl. Bayer Facebook Bayer Karriere, 2012)
	Bayer Ausbildung	Themen, Fotos und Videos rund um Ausbildungsmöglichkeiten bei Bayer mit einem Ausbildungs-Blog, in dem die Auszubildenden zu Wort kommen (vgl. Bayer Facebook Bayer Ausbildung, 2012)
	Jugend forscht	Alles rund um das Thema „Jugend forscht mit Bayer" (vgl. Bayer Facebook Jugend forscht, 2012)
	Kommunikationszentrum „BayKomm"	Insgesamt acht Themenräume rund um die Bereiche Gesundheit/Arzneimittel, Ernährung/Landwirtschaft und nachhaltige, moderne Werkstoffe (vgl. Bayer Facebook BayKomm, 2012)
Google+	Bayer	Die Bayer Karriere-Seite informiert mit Beiträgen, Fotos und Videos rund um das Thema Jobeinstieg und Karriere bei Bayer (vgl. Bayer Google+, 2012)

---

[77] In Anlehnung an: Bayer Social Media, 2012; Bayer Facebook, 2012, Bayer XING 2012;

Social-Media-Tool	Bereich bei der Bayer AG	Aktivität
Twitter	Presse-Informationen	Tweeds zu Pressemeldungen von Bayer zu den Kompetenzthemen Gesundheit, Ernährung und hochwertige Materialien (vgl. Bayer Twitter Presse, 2012)
	Bayer HealthCare	Tweeds und Updates zu Produkten und den weltweiten Aktivitäten des Konzernbereichs in den Sparten Animal Health, Pharmaceuticals, Consumer Care und Medical Care (vgl. Bayer Twitter Bayer HealthCare, 2012)
	Bayer CropScience	Tweeds und Updates zu den Produkten und weltweiten Aktivitäten des Teilkonzerns in den Bereichen Crop Protection, Environmental Science und BioScience (z. B. Saatgutproduktion, Pflanzenschutz und Schädlingsbekämpfung (teils in nicht landwirtschaftlichen Bereichen) etc.) (vgl. Bayer Twitter Bayer CropScience, 2012)
	Jobs und Karriere	Tweeds des University & Talent Relations Teams von Bayer mit Tipps und Karriereinfos (vgl. Bayer Twitter Bayer Karriere, 2012)
	Nachhaltigkeit und Corporate Social Responsibility	Aktuelle Tweeds rund um das Thema Nachhaltigkeit (Sustainability) und CSR (vgl. Bayer Twitter Bayer Sustainability, 2012)
LinkedIn	Bayer	Updates über das Unternehmen (z. B. neue Mitarbeiter, Stellenwechsel), Liste von Mitarbeitern (aktuellen und ehemaligen sowie offene Stellen (vgl. Bayer LinkedIn, 2012)
YouTube	Bayer TV	Reportagen über die Hintergründe bei Bayer (Forschung, Entwicklung und Vorstellung von Innovationen), zu wissenschaftlichen Themen und mit Nachrichten aus dem Unternehmen (vgl. Bayer TV YouTube, 2012)
XING	Unternehmensprofil von Bayer	Allgemeine Informationen zum Unternehmen, zu den Teilkonzernen und Servicegesellschaften (u. a. in Deutschland) inkl. Kontaktmöglichkeiten zu einzelnen Mitgliedern (vgl. Bayer XING, 2012)
Flickr	Bayer Climate Award 2010	Fotostream der Bayer AG (primär mit älteren Bildern aus dem Jahr 2009) (vgl. Bayer Flickr, 2009)
Slideshare	Präsentationen von Bayer	öffentliche Präsentationen zu zentralen Unternehmensthemen (z. B. Nachhaltigkeit) (vgl. Bayer Slideshare, 2012)

Der Konzernbereich Bayer *MaterialScience* verfügt in Deutschland weder über einen eigenen Facebook- noch über einen Twitter-Account, ist aber z. B. in den Business-Netzwerken und über *Bayer TV* in YouTube vertreten. Darüber hinaus setzt der Konzernbereich für die interne Kommunikation weltweit auf eine professionelle Social-Software-Lösung für Unternehmen, die als „Collaboration-Tool" (Sarsam, 22.03.2011) die Zusammenarbeit zwischen Abteilungen, das gesammelte interne Wissen und die Kommunikation optimieren soll (vgl. Sarsam, 22.03.2012).

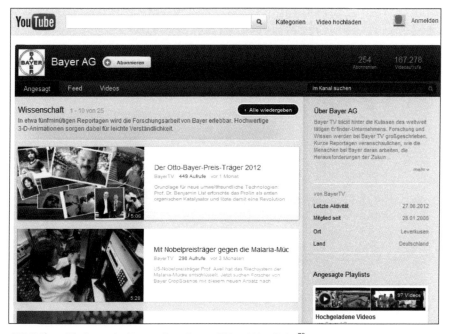

Abbildung 29. Ausschnitt aus dem Bayer TV auf YouTube[78]

Nach diesem umfassenden Überblick beschränkt sich die weitere Ausführung des Fallbeispiels auf die Aktivitäten der Management-Holding. Für die Bayer AG zählen nach Helfrich Facebook, LinkedIn, Google+ und YouTube zu den erfolgreichsten Social-Media-Anwendungen. Facebook erhöht die Reichweite der Bayer AG als „größte Plattform weltweit" (Helfrich, A2: 118). LinkedIn ist für das Unternehmen ein „[g]utes Netzwerk, das sehr gut für Recruiting-Zwecke verwendet werden kann" (Helfrich, A2: 118), während es Google+ den Mitarbeitern ermöglicht, die „Science Community (…) gezielt [anzusprechen]" (Helfrich, A2: 118). YouTube wiederum dient der Bayer AG als „Showcase für Innovationen" (Helfrich, A2: 118) (s. Abb. 29). Neben der Online-Präsentation des Unternehmens mithilfe der aufgeführten Social-Media-Anwendungen ist das Unternehmen auch in der Online-Community Wikipedia mit eigenen Seiten u. a.

---

[78] Entnommen aus: Bayer TV YouTube, 2012

für die Bayer AG, Bayer CropScience, Bayer HealthCare und Bayer MaterialScience vertreten (vgl. Bayer Wikipedia, 2012). Dadurch wird die Online-Präsenz des Unternehmens insgesamt gestärkt.

Abbildung 30. Ausschnitt aus der Bayer Karriere Seite auf Facebook[79]

Eine Herausforderung für die Bayer AG stellt die Ansprache der unterschiedlichen Zielgruppen über Social Media dar, die sich aus den drei großen Teilbereichen Ernährung, Gesundheit und hochwertige Materialien ergeben. Eine separate Darstellung der Teilkonzerne besonders in Facebook und Twitter im Hinblick auf die Zielgruppenansprache sind daher nahe liegend. Eine Ausnahme stellt Bayer MaterialScience dar, die als Produzenten von Vorprodukten in der chemischen Industrie ein klassisches Zuliefergeschäft sind und ihre Produkte zur Weiterverarbeitung über Handelshäuser, lokale Distributoren und das KAM vermarkten (vgl. Bayer AG, 2011: 67). In Deutschland sind sie entsprechend noch nicht auf Twitter und Facebook vertreten. Herausforderungen im Social-Media-Bereich liegen für Bayer primär im Bereich HealthCare und sind meist

---

[79] Entnommen aus: Bayer Facebook Bayer Karriere, 2012

rechtlicher Natur, da es „als forschendes Pharmaunternehmen sehr strengen Richtlinien [unterliegt]" (Helfrich, A2: 118). Diese Problematik spiegelt sich in der „vorsichtigen" Social-Media-Nutzung der gesamten Branche wider, da hier „Pharmathemen nicht unbedingt offen kommuniziert werden dürfen" (Helfrich, A2: 118). Beispielsweise ist das öffentliche Bewerben verschreibungspflichtiger Medikamente durch die Pharmaunternehmen nach dem Heilmittelwerbegesetz rechtlich untersagt[80] (vgl. HWG § 11, Abs. 1). Somit entfällt die Möglichkeit für die Bayer AG auf neu entwickelte Medikamente etwa über Facebook, Twitter oder YouTube hinzuweisen.

Die Pharmaunternehmen müssen entsprechend andere Wege finden, um Social Media für sich zu nutzen. Über Twitter ist das Unternehmen etwa mit dem *Bayer Karriere*-Account besonders im Hochschulmarketing aktiv (vgl. Bayer Twitter Bayer Karriere, 2012). Darüber hinaus nutzt die Bayer AG ihre Facebook-Fanseiten *Bayer Karriere* und *Bayer Ausbildung* um sich als attraktiven Arbeitgeber zu präsentieren und Employer Branding zu betreiben (s. Abb. 30).

Die Bayer AG lässt dabei auch im Blog auf der Bayer Karriere-Seite gezielt Mitarbeiter zu Wort kommen und über die eigenen Erfahrungen und die Arbeitswelt bei Bayer berichten. Um den Mitarbeitern, die über soziale Medien mit den Anspruchsgruppen kommunizieren, eine Orientierung zu geben, wurde eine „Web 2.0 Guideline" entwickelt (vgl. Mai, 11.02.2010). Social-Media-Guidelines für die Mitarbeiter sind laut Helfrich einer der drei wichtigen Punkte, die B2B-Unternehmen im Zusammenhang mit Social Media beachten müssen (vgl. Helfrich, A2: 118). Des Weiteren zählt er dazu das „Monitoring/Issues Management" (Helfrich, A2: 118) sowie „die richtige Strategie für den entsprechenden Kanal" (Helfrich, A2: 118).

Der Twitter-Kanal *Bayer Sustainability* behandelt alle relevanten Themen zur Nachhaltigkeit und Corporate Social Responsibility innerhalb des Bayer-Konzerns und unterstützt das Bestreben des Unternehmens im *Reputation Management* (vgl. Bayer Twitter Bayer Sustainability, 2012) (s. Abb. 31). Besonders Pharmaunternehmen stehen in diesen Aspekten unter kritischer Beobachtung der Öffentlichkeit etwa im Zusammenhang mit Tierversuchen zu Forschungszwecken oder umstrittenen Medikamenten (z. B. Libobay) (vgl. Bayer Wikipedia, 2012). Um dieser negativen Wahrnehmung entgegen zu wirken, betont Bayer auch auf der eigenen Webseite mit dem Nachhaltigkeitsbericht (vgl. Bayer, 2012) die gesellschaftliche, ökologische und ökonomische Verantwortung von Bayer im Rahmen der externen Unternehmenskommunikation.

---

[80] „Außerhalb der Fachkreise darf für Arzneimittel, Verfahren, Behandlungen, Gegenstände oder andere Mittel nicht geworben werden (…)." (HWG § 11, Abs. 1).

Abbildung 31. Ausschnitt aus dem Sustainability-Twitter Account der Bayer AG[81]

Über YouTube präsentiert das Unternehmen derzeit beispielsweise den aus einem Flashmob[82] heraus entstandenen Recruiting-Song „It's gonna be a good day", mit dem das Unternehmen sich und einige seiner Mitarbeiter vorstellt. Sänger und Musiker des Lieds sind eben jene Mitarbeiter, die in dem Video präsentiert werden. Mit diesem Recruiting-Song und seiner Geschichte erregt die Bayer AG die Aufmerksamkeit der Öffentlichkeit. Bisher wurde das Video 262.794 über YouTube abgerufen (Stand: 03.08.2012; 20:03 Uhr) und mit 140 positiven Kommentaren (gegenüber 27 negativen Kommentaren) versehen. (vgl. Bayer YouTube, 27.04.2012)

Die Bayer AG bietet mit diesem Video ein positives Beispiel für ein erfolgreiches Employer Branding mithilfe von Social Media. Durch die Entstehungsgeschichte und die Präsentation der Mitarbeiter im Video wirkt diese Social-Media-Kampagne authentisch und vermittelt ein positives Bild über die Arbeit bei Bayer und transportiert mithilfe des Songs Emotionen und Lebensfreude.

Thomas Helfrich weist bezüglich des Social-Media-Einsatzes im B2B-Bereich darauf hin, dass Social Media bei B2B-Unternehmen „weniger für direkte Marketingaktionen eingesetzt [wird], sondern vielmehr als Dialogangebot. B2B-Unternehmen können so von ihren Kunden lernen und dies gezielt in Geschäftsprozesse umwandeln." (Helfrich, A2: 118). Er empfiehlt jedoch B2B-Unternehmen bezüglich eines geplanten Social-Media-Engagements, dass diese „die Ressourcen und die richtige Strategie haben [müssen], um erfolgreich in Social Media bestehen zu können." (Helfrich, A2: 118).

---

[81] Entnommen aus: Bayer Twitter Bayer Sustainability, 2012
[82] Der Flashmob wurde 2011 aus Anlass zum 40-jährigen Firmenjubiläum eines Bayer-Mitarbeiters durch Kollegen organisiert und das Lied ursprünglich zu diesem Ereignis komponiert. (vgl. Bayer YouTube, 26.09.2011; Bayer YouTube, 27.04.2012).

6.4 Fallbeispiel 3: Social-Media-Einsatz bei der *Lufthansa Cargo AG*

Die Lufthansa Cargo AG wurde 1994 als 100%-iges Tochterunternehmen der Deutschen Lufthansa AG gegründet und hat ihren Hauptsitz in Frankfurt am Main. Die beförderten Fracht- und Postsendungen beliefen sich im Jahr 2011 auf 1,9 Mio. Tonnen. Die Hauptumschlagsplätze der deutschen Frachtfluggesellschaft sind dabei der Flughafen Frankfurt, gefolgt von den Flughäfen München, Leipzig-Halle und Wien. Die Lufthansa Cargo AG erwirtschaftete 2011 einen Umsatzerlös von 2,943 Mrd. Euro und konnte von 13,65 Mrd. angebotenen Frachttonnenkilometern 9,49 Mrd. verkaufen. Damit zählt die Lufthansa Cargo AG weltweit zu den führenden Logistikunternehmen im Bereich Luftfracht. Den Schwerpunkt des Geschäfts legt die Lufthansa Cargo dabei auf das „Airport-Airport-Geschäft" (Lufthansa Cargo, 2012a) mit über 300 Zielorten in ca. 100 Ländern. Derzeit arbeiten weltweit ungefähr 4.570 Mitarbeiter für die Lufthansa Cargo AG. (vgl. Lufthansa Cargo, 2012a; 2012b)

Lufthansa Cargo ist mit ihrem Social Media-Auftritt hauptsächlich in folgenden Medien präsent: Facebook, Twitter, XING, LinkedIn und Wikipedia. Darüber hinaus werden aktuelle Themen der Presse und weiterer Interessenten über den konzernübergreifenden *Lufthansa Social Media Newsroom* zugänglich gemacht, von dem aus beispielsweise direkt auf den Lufthansa Cargo Twitter-Account verlinkt wird (vgl. Lufthansa Newsroom).

XING und LinkedIn sind die beiden Business-Netzwerke, in denen Lufthansa Cargo als Unternehmen mit seinen Mitarbeitern präsent ist und damit direkte Dialogmöglichkeiten anbietet (vgl. Lufthansa Cargo XING, 2012; Lufthansa Cargo LinkedIn, 2012). Daneben wird das Unternehmen auf Wikipedia in einem ausführlichen Artikel dargestellt (vgl. Lufthansa Cargo Wikipedia, 2012).

Die beiden am intensivsten genutzten Social-Media-Anwendungen der Lufthansa Cargo sind Twitter und die Fanseite auf Facebook. Über den Twitter-Account werden aktuelle Pressemeldungen und Presseberichte gepostet, aber beispielsweise auch offene Stellen oder Angebote für Ausbildungsplätze veröffentlicht (s. Abb. 32). Darüber hinaus ist der Twitter-Account mit Facebook verlinkt, so dass interessante neue Posts von dort (z. B. Videos, Fotos, Beiträge) auch über Twitter gefunden werden können (vgl. Lufthansa Cargo Twitter, 2012).

Michael Göntgens, Head of PR & Internal Communications bei der Lufthansa Cargo AG, gibt als wichtigste Beweggründe für den Social-Media-Einsatz der Lufthansa Cargo die „Außendarstellung des Unternehmens gegenüber verschiedensten Zielgruppen (Kunden, Öffentlichkeit, aktive und potentielle Mitarbeiter etc.)." (Göntgens, A2: 119), eine „[a]nfassbare Darstellung der Luftfracht im Allgemeinen und Lufthansa Cargo im Besonderen" (Göntgens, A2: 119) sowie die „Positionierung als innovatives Unternehmen (...)" (Göntgens, A2: 119) an.

Abbildung 32. Ausschnitt aus dem Twitter-Account der Lufthansa Cargo AG[83]

Hauptaugenmerk des Social-Media-Einsatzes der Lufthansa Cargo AG liegt auf Facebook, wo das Unternehmen seit November 2011 aktiv (vgl. Wiese, 19.07.2012) ist. Das Unternehmen präsentiert sich dort mit allgemeinen Themen rund um die Luftfracht und mit Beiträgen zu aktuellen technischen Entwicklungen sowie Neuerungen (z. B. Einsatz von „Lightweight Containers" (Lufthansa Cargo Facebook, 2012) zur Reduzierung der CO_2-Emission). Ferner lässt Lufthansa Cargo Mitarbeiter zu Wort kommen und gibt Einblick in deren Tätigkeitsbereiche (z. B. Tierversorgung in der Frankfurt Animal Lounge). Darüber hinaus präsentiert das Unternehmen seinen Fans regelmäßig Fotos, die teils von Lufthansa Cargo-Piloten aufgenommen werden (z. B. Aufnahmen von Flughäfen, technische Details aus dem Flugzeuginneren etc.) (s. Abb. 33). (vgl. Lufthansa Cargo Facebook, 2012)

Ausgehend von den oben genannten Gründen sind für Göntgens „Facebook und YouTube ideal, da allg. Imageaufbau möglich" (Göntgens, A2: 119) wird. Deshalb werden diese von ihm zu den besonders erfolgreichen Social-Media-Anwendungen für Lufthansa Cargo gezählt. Dabei bewertet er als „erfolgskritisch (...) (v. a. bei B2B) (...) die Ressourcen (v. a. personell), die zur Verfügung stehen" (Göntgens, A2: 119).

Die Facebook-Fanseite von Lufthansa Cargo hat derzeit über 12.000 Fans (vgl. Lufthansa Cargo Facebook, 2012), was für ein B2B-Unternehmen relativ hoch ist. Göntgens erklärt dies mit „der Dachmarke Lufthansa, ohne die die Zahl unserer Fans sicherlich wesentlich geringer wäre". (Göntgens, A2: 120). Hier sieht er jedoch einen Vorteil gegenüber B2C – etwa im Vergleich mit Lufthansa Passage. Lufthansa Cargo hat zwar „[e]twas weniger Fans, dafür aber echte, mit denen wir im Dialog sind" (Göntgens, A2: 120).

---

[83] Entnommen aus: Lufthansa Cargo Twitter, 2012

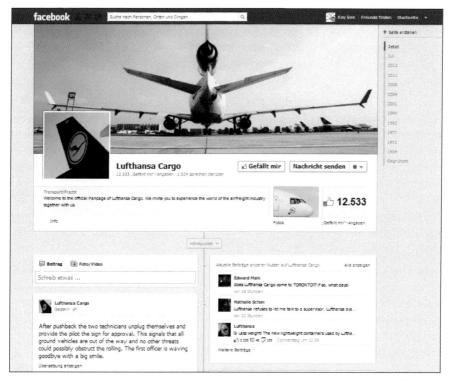

Abbildung 33. Ausschnitt aus der Facebook-Fanseite der Lufthansa Cargo AG[84]

Eine der größten Herausforderungen für Lufthansa Cargo liegt dabei in dem „recht hohen personellen Ressourceneinsatz (auch über das Wochenende und ggf. nachts) (Göntgens, A2: 119). Bei 12.000 Fans auf Facebook kann etwa das zeitnahe Beantworten von Kommentaren und Beiträgen bei einem kleinen Social-Media-Team zeitliche schwierig werden (vgl. Wiese, 19.07.2012). Dies setzt entsprechend eine „realistische Ressourcenplanung" (Göntgens, A2: 119) voraus. Darüber hinaus sind eine transparente und schnelle Kommunikation von besonderer Bedeutung ebenso wie die inhaltliche Gestaltung von Beiträgen und Meldungen, die redaktionellen und keinen werblichen Charakter haben und dadurch einen authentischen Meinungsaustausch begünstigen (vgl. Göntgens, A2: 119).

Lufthansa Cargo nimmt mit dem Einsatz von Social Media in der Branche eine Art „Vorreiterrolle" (Göntgens, A2: 119) ein und erfährt durchweg „positiv[e] [Resonanz] (…), auch wenn es noch ein weiter Weg ist, direkt abzuleiten, welchen Mehrwert gemessen in Euro ein Unternehmen im täglichen Geschäft aus Social Media ziehen kann." (Göntgens, A2: 119f.).

---

[84] Entnommen aus: Lufthansa Cargo Facebook, 2012

Aus diesem Grund empfiehlt Michael Göntgens B2B-Unternehmen ein Social-Media-Engagement, „wenn die Ressourcenfrage geklärt ist und eine klare inhaltliche Strategie vorhanden ist. Auch muss es eine Bereitschaft zum Dialog geben und die Geschäftsleitung muss eine solche Form der Kommunikation unterstützen." (Göntgens, A2: 120).

Aufgrund der positiven Resonanz auf das bisherige Social-Media-Engagement von Lufthansa Cargo plant das Unternehmen einen weiteren Ausbau desselben durch die Videoplattform YouTube. Lufthansa Cargo will über das Portal für Luftfahrtbegeisterte Videos anbieten, u. a. etwa von der MD-11, einem beliebten und bekannten Frachtluftflugzeug, das für Lufthansa Cargo fliegt (vgl. Wiese, 19.07.2012)[85]. Lufthansa ist hier bereits mit verschiedenen Kanälen präsent, etwa mit dem *Lufthansa Brand Channel* für das Passagiergeschäft, dem *Lufthansa Global Channel* für Flugzeugfans und dem offiziellen Karriere-Portal des Lufthansa Konzerns *Be Lufthansa* (vgl. Lufthansa YouTube Brand Channel, 2012; Lufthansa YouTube Global Channel, 2012; Lufthansa YouTube Be Lufthansa, 2012).

Neben dem Social-Media-Einsatz in der externen Kommunikation spielt für die Lufthansa Cargo AG auch die Social-Media-Nutzung in der internen Kommunikation eine Rolle. Lufthansa Cargo meistert die Herausforderungen der internen Kommunikation eines weltweit agierenden Unternehmens mit einem internen Mitarbeiter-Blog, der den gut 4.600 Mitarbeitern einen zeitnahen und offenen Meinungsaustausch und ein effizientes Wissensmanagement ermöglicht (vgl. 4iMedia, 2012). Göntgens gibt als Gründe für die Einführung eines Mitarbeiter-Blogs an: „Stärkere Interaktion und Dialog sollten durch den Blog gefördert werden. Es ging auch darum, Themen und Meinungen Raum zu geben, die in anderen Nachrichten-Kanälen u. U. nicht berücksichtigt werden können." (Göntgens, A2: 120). Für ihn hat der Mitarbeiter-Blog ausschließlich Vorteile und bedeutet „einen echten Mehrwert". Er gibt aber auch zu bedenken, dass „ein derart demokratisches und neues Kommunikationstool immer „angeschoben" werden [muss], da zunächst eine gewisse Zurückhaltung herrscht." (Göntgens, A2: 120).

Die drei Fallbeispiele verdeutlichen wie B2B-Unternehmen aus unterschiedlichen Branchen mit Social Media umgehen und die Anwendungen nach den gegebenen Möglichkeiten und soweit als möglich ihren Bedürfnissen angepasst einsetzen. Dabei kristallisieren sich folgende Instrumente als Favoriten für die externe Unternehmenskommunikation heraus: Facebook, Twitter, YouTube, XING, LinkedIn und ggf. Google+, die in unterschiedlicher Ausprägung bearbeitet werden. Jedes Unternehmen verfügt zusätzlich über einen Wikipedia-Eintrag. Darüber hinaus setzen alle drei

---

[85] Auf dem Videoportal YouTube ebenso wie auf dem Fotoportal Flickr besitzt die Lufthansa Cargo bereits eine gewisse Online-Präsenz teils durch Flugzeugfans, die Videos über die Maschinen der Lufthansa Cargo aufnehmen oder Fotos schießen. Ein Suchergebnis nach *Lufthansa Cargo* etwa auf Flickr ergab über 4.000 Treffer privater Fotoaufnahmen (vgl. http://www.flickr.com/search/?q=Lufthansa%20Cargo, 05.08.2012; 17:53 Uhr).

Unternehmen verschiedene Instrumente für die interne Kommunikation ein, z. B., Blogs, Wikis oder Instant-Messaging-Systeme.

Die einzelnen Unternehmen stehen dabei hinsichtlich des Social-Media-Einsatzes vor unterschiedlichen Herausforderungen (z. B. rechtliche Fragen, Voranschreiten technischer Entwicklungen). Dennoch empfehlen alle Interviewpartner anderen B2B-Unternehmen, Social Media einzusetzen, sofern die grundsätzlichen Aspekte für eine Social-Media-Nutzung im Vorfeld abgeklärt sind und berücksichtigt werden (z. B. Social-Media-Strategie, Social-Media-Guidelines, Ressourcenplanung, Monitoring/ Issues Management, Content, Transparenz und Geschwindigkeit).

7. Schlussbetrachtung

Die Beispiele von Westaflex, Bayer und Lufthansa Cargo zeigen, dass Social Media auch in B2B-Unternehmen angekommen ist und dort zur Verbesserung der Unternehmenskommunikation – sowohl intern als auch extern – genutzt wird. Besonders weltweit agierende Unternehmen haben die Möglichkeiten von Social Media in der Mitarbeiterkommunikation bereits erkannt. Social Media ist damit mehr als nur der oft beschriebene Hype. Dies bestätigen auch die unterschiedlichen Studien, die zeigen, dass Social-Media-Anwendungen einerseits im Rahmen der beruflichen Nutzung, etwa bei der Informationssuche, immer weiter an Bedeutung gewinnen, andererseits aber auch Unternehmen die wachsende Bedeutung von Social Media im B2B-Bereich erkennen und teilweise bereits aktiv sind oder ein zukünftiges Social-Media-Engagement planen (vgl. BITKOM, 2012: 7). Dies ist jedoch wiederum sehr abhängig von der jeweiligen Branche.

Als Hauptziele für ein Social-Media-Engagement werden häufig die Steigerung der Markenbekanntheit und der Imageaufbau (Reputation Management) genannt. Social Media erschließt durch den direkten Dialog mit der avisierten Anspruchsgruppe neue Kommunikationsmöglichkeiten und Chancen für das Unternehmen, z. B. Erhöhung der Absatzchancen, Steigerung der Kundenzufriedenheit, Ideen für Innovationen durch Kunden etc.). Dafür müssen jedoch auch die Grundprinzipien des Social Web beachtet werden: Offenheit, Transparenz, Geschwindigkeit, Authentizität, Menschlichkeit und Ehrlichkeit. Social Media eignet sich dabei nicht nur für Großunternehmen, sondern ermöglicht auch kleinen und mittleren Unternehmen die eigene Reichweite zu erhöhen, relativ kostengünstig mit den Anspruchsgruppen in Kontakt zu treten und die eigene Botschaft viral zu verbreiten. Das besondere hier ist, dass sich Social Media dabei nicht auf die Hersteller entsprechender massenmarkttauglicher Produkte beschränkt, sondern ebenso bei Nischenprodukten erfolgreich eingesetzt werden kann.

Der Social-Media-Einsatz hält jedoch auch Risiken bereit und setzt Unternehmen – abhängig von den eigenen Ressourcen – Grenzen. Unternehmen geben einen Teil ihrer Kommunikationsmacht ab und legen diese Macht in die Hände der Öffentlichkeit. Damit werden sie angreifbarer für Kritik durch die öffentliche Meinung und müssen sich dieser entsprechend stellen und sowohl auf positive aber auch negative Kommentare zeitnah, kompetent und ehrlich reagieren (können).

Die sozialen Medien ersetzen jedoch im B2B-Geschäft nicht den persönlichen Kontakt zum Kunden, besonders im KAM, sondern können ihn nur ergänzen. Hier stoßen die Anwendungen an ihre Grenzen. Social Media bietet Unternehmen einen Mehrwert, dennoch ist dieser nicht immer leicht zu erfassen und zu messen. Auch ist der Nutzen, der sich durch den Social-Media-Einsatz in der Unternehmenskommunikation ergibt im B2B-Bereich abhängig von der Branche und den angebotenen Produkten. Hier gilt abzuwägen, ob sich ein Einsatz tatsächlich rechnet.

Trotz der soeben aufgeführten Risiken und Grenzen sollten sich Unternehmen darüber bewusst sein, dass – auch wenn man sich selbst nicht an Social Media beteiligt – dennoch die Möglichkeit besteht, dass über das Unternehmen oder seine Produkte gesprochen wird, z. B. in Fachforen und Fach-Communitys. Um hier mit dem Ohr am Geschehen zu sein und mögliche kritische Äußerungen zu registrieren, sollte man als B2B-Unternehmen zumindest eine passive Social-Media-Strategie in Betracht ziehen. Diese Beobachtungsposition ermöglicht zusätzliche eine erste Orientierung und kann den Ausgangspunkt für eine Bewertung und Annäherung an Social Media darstellen.

Grundsätzlich sollte ein Social-Media-Einsatz gründlich überlegt sein, da aus einem halbherzigen Engagement heraus (z. B. auch aufgrund von Zeitmangel) dem Unternehmen Nachteile entstehen können. Unter anderem müssen diese zehn Fragen beantwortet werden, um einen erfolgreichen Dialog mit den ausgewählten Anspruchsgruppen anstoßen zu können:

1) Wie stellt sich der Social-Media-Einsatz derzeit in der Branche dar? Bringt mir die Social-Media-Kommunikation hier eventuell Vorteile oder auch Nachteile?

2) Passt Social Media grundsätzlich zum Unternehmen und zur gelebten Unternehmenskultur? Oder müssen hier wesentliche Dinge geändert werden?

3) Welche Ziele werden mit dem Social-Media-Engagement verfolgt?

4) Ist die gewünschte Anspruchsgruppe in den sozialen Medien überhaupt vertreten und kann dort angesprochen werden?

5) Gibt es eine Social-Media-Strategie?

6) Mit welchen Social-Media-Tools lässt sich die Strategie am besten umsetzen?

7) Sind die notwendigen Ressourcen (personell, finanziell, zeitlich) vorhanden, um die Social-Media-Strategie umzusetzen und auch zukünftig regelmäßig im Social Web präsent zu sein?

8) Wer ist wofür verantwortlich und wie weit reichen die jeweiligen Verantwortlichkeiten?

9) Wie soll die Social-Media-Strategie umgesetzt werden?

10) Werden neben den Chancen auch die Risiken entsprechend berücksichtigt, z. B. Reaktionen und Maßnahmenplan im Krisenfall?

Diese und weitere Fragen müssen geklärt sein, bevor man in die tatsächliche, operative Planung einsteigen kann. Je nach Unternehmenskultur und -philosophie können zur Unterstützung der Kommunikation Social-Media-Guidelines eingeführt werden. Darüber hinaus lohnt es sich, darüber nachzudenken, ob Social Media nicht nur in der externen Kommunikation, sondern auch in der internen Kommunikation Vorteile bringt.

Die sozialen Medien können eine sinnvolle Ergänzung um einen weiteren Kommunikationskanal in der internen und/oder externen Kommunikation darstellen, die im Unternehmen einen Mehrwert schaffen – sofern die Gegebenheiten im Umfeld stimmen.

Im B2C-Bereich wird der Social-Media-Auftritt von Unternehmen besonders im Rahmen der Marktkommunikation bereits durch mobile Lösungen ergänzt, z. B. durch Apps für Tablet-PCs, Smartphones sowie Technologien wie Location-Based-Services und Augmented Reality. Hier werden B2B-Unternehmen zukünftig der Herausforderung begegnen müssen, diese Lösungen zu prüfen und ggf. angepasst in ihr Geschäftsfeld zu integrieren (vgl. Westaflex, A2: 117). Die Untersuchung sparte diesen Aspekt von Social Media weitgehend aus, da eine detaillierte Ausführung über den Mehrwert von Social-Media-Anwendungen im Customer-Relationship-Management (CRM) und von mobilen Lösungen etwa für das KAM in Geschäftsbeziehungen zu weit führen würde. Der Vollständigkeit halber soll jedoch an dieser Stelle auf mögliche Entwicklungen in diesem Bereich für B2B-Unternehmen abschließend hingewiesen werden.

Neben den bekannten Spielarten von Social Media im Marketing und Personalbereich wird zukünftig für Unternehmen als Ergänzung zum klassischen CRM das sogenannte *Social CRM* an Bedeutung gewinnen, das die Besonderheiten der Kommunikation über Social Media berücksichtigt und dies in das CRM integriert, um für beide Seiten einen Mehrwert zu schaffen. Dieser Aspekt ist besonders für die B2B-Unternehmen unter dem Gesichtspunkt langfristig erfolgreicher und enger Geschäftsbeziehungen sowie Kooperationen interessant. Dadurch kann der Dialog – unter Beachtung der strengen Datenschutzrichtlinien – noch weiter optimiert werden.

Dabei wird im B2B-Bereich die Nutzung mobiler Endgeräte weiter an Bedeutung gewinnen und damit Social Media noch stärker in das Geschäftsleben auf Anbieter- und Kundenseite integrieren sowie Beruf und Privatleben stärker miteinander verzahnen. Technologien wie Augmented Reality auf mobilen Endgeräten ermöglicht eine neue Ebene der Kommunikation und Interaktion zwischen den Geschäftspartnern, z. B. im Rahmen von Produktentwicklungen oder Produktneuvorstellungen.

Der Einsatz von Social Media wird die Unternehmenskultur aber auch die Kommunikationsstrukturen intern ebenso wie extern nachhaltig beeinflussen sowie langfristig verändern und damit auch Auswirkungen auf Geschäftsprozesse und Kundenbeziehungen im B2B-Bereich und darüber hinaus offen legen.

Social Media ist jedoch kein Wundermittel, dass Missstände in der Unternehmensstrategie und der Unternehmenskommunikation wegzaubert, sondern steht im Gegenteil für viel Arbeit, Planung und kreative Gestaltung. Wenn dies jedoch gelingt, kann Social Media ein weiteres wertvolles Instrument in der Unternehmenskommunikation für B2B-Unternehmen darstellen.

Literaturverzeichnis

Alby, T. (2008). *Web 2.0. Konzepte, Anwendungen, Technologien.* 3., überarbeitete Auflage. München: Carl Hanser.

Alpar, Paul; Blaschke, Steffen (2008). Einleitung. In: Alpar, Paul; Blaschke, Steffen (Hrsg.). *Web 2.0 – Eine empirische Bestandsaufnahme.* Wiesbaden: Vieweg + Teubner, S. 1-14.

Anderson, Chris (2011). *The Long Tail.* Nischenprodukte statt Massenmarkt. Das Geschäft der Zukunft. 2., aktualisierte und erweiterte Auflage. München: Deutscher Taschenbuch Verlag.

Backhaus, Klaus; Voeth, Markus (2010). Industriegütermarketing. 9., überarbeitete Auflage. München: Vahlen.

Bentele, Günter; Will, Markus (2008). Public Relations als Kommunikationsmanagement. In: Schmid, Beat F.; Lyczek, Boris (Hrsg.). *Unternehmenskommunikation. Kommunikationsmanagement aus Sicht der Unternehmensführung.* 2. Auflage. Wiesbaden: Gabler, S. 153-185.

Berndt, Ralph (2004). *Marketing.* Marketingstrategie und Marketingpolitik. 4., vollständig überarbeitete und erweiterte Auflage. Berlin u. a.: Springer.

Blanchard, Olivier (2012). *Social Media ROI.* Messen Sie den Erfolg Ihrer Marketing-Kampagne. München: Addison-Wesley.

Bruhn, Manfred (2010a). *Kommunikationspolitik.* Systematischer Einsatz der Kommunikation für Unternehmen. 6., vollständig überarbeitete und erweiterte Auflage. München: Vahlen.

Bruhn, Manfred (2010b). *Marketing.* Grundlagen für Studium und Praxis. 10., überarbeitete Auflage. Wiesbaden: Gabler.

Bruhn, Manfred (2009). *Integrierte Unternehmens- und Markenkommunikation.* Strategische Planung und operative Umsetzung. 5., überarbeitete und aktualisierte Auflage. Stuttgart: Schäffer-Poeschel.

Bruhn, Manfred (2006). Integrierte Kommunikation. In: Schwarz, Torsten; Braun, Gabriele (Hg.). *Leitfaden Integrierte Kommunikation.* Waghäusel: Absolit, S. 23-79.

Bruhn, Manfred (1995). *Integrierte Unternehmenskommunikation.* 2. Auflage. Stuttgart: Schäffer-Poeschel.

Cyganski, Petra; Hass, Berthold H. (2008). Potenziale sozialer Netzwerke für Unternehmen. In: Hass, Berthold H.; Walsh, Gianfranco; Kilian, Thomas (Hrsg.). *Web 2.0. Neue Perspektiven für Marketing und Medien.* Springer: Berlin/Heidelberg, S. 101-120.

Durante, Sarah; Kempf, Fabian; Müller, Kathrin (2011). Live E-Learning – Synchrone Zusammenarbeit über das Internet. In: Dittler, Ullrich (Hrsg.). E-Learning. Einsatzkonzepte und Erfolgsfaktoren des Lernens mit interaktiven Medien. 3., komplett überarbeitete und erweiterte Auflage. München: Oldenbourg, S. 267-286.

Ebersbach, Anja; Glaser, Markus; Heigl, Richard (2011). *Social Web.* 2. Auflage. Konstanz: UVK Verlagsgesellschaft mbH.

Esch, Franz-Rudolf; Hardiman, Marco; Mundt, Michaela (2006). Kommunikation der Corporate Brand: 3.1 Kommunikation auf Handlungsoptionen abstimmen. In: Esch, Franz-Rudolf, Tomczak, Torsten; Kernstock, Joachim; Langner, Tobias (Hrsg.). *Corporate Brand Management.* Marken als Anker strategischer Führung von Unternehmen. 2., aktualisierte und ergänzte Auflage. Wiesbaden: Gabler, S. 219-249.

Einwiller, Sabine; Klöfer, Franz; Nies, Ulrich (2008). Mitarbeiterkommunikation. In: Schmid, Beat F.; Lyczek, Boris (Hrsg.). *Unternehmenskommunikation. Kommunikationsmanagement aus Sicht der Unternehmensführung.* 2. Auflage. Wiesbaden: Gabler, S. 221-260.

Euler, Thomas (2011). Strategie statt Aktionismus: Ein Step by Step-Framework für Ihre Social Media-Strategie. In: In: Dörfel, Lars; Schulz, Theresa (Hrsg.). *Social Media in der Unternehmenskommunikation.* Berlin: scm, S. 43-62.

Foscht, Thomas; Swoboda, Thomas (2011). *Käuferverhalten.* Grundlagen – Perspektiven – Anwendungen. 4., überarbeitete und erweiterte Auflage Wiesbaden: Gabler.

Geiger, Thomas; Wagner, Matthias; Weiß, Andrea (2011). Social Media und Employer Branding. In: Dörfel, Lars; Schulz, Theresa (Hrsg.). *Social Media in der Unternehmenskommunikation.* Berlin: scm, S. 327-349.

Grabs, Anne; Bannour, Karim-Patrick (2011). *Follow me!* Erfolgreiches Social Media Marketing. Bonn: Galileo Press.

Hettler, Uwe (2010). *Social Media Marketing.* Marketing mit Blogs, Sozialen Netzwerken und weiteren Anwendungen des Web 2.0. München: Oldenbourg.

Heymann-Reder, Dorothea. Social Media Marketing. Erfolgreiche Strategien für Sie und Ihr Unternehmen. München: Addison-Wesley.

Hilker, Claudia (2010). *Social Media für Unternehmer.* Wie man Xing, Twitter, YouTube und Co. Erfolgreich im Business einsetzt. Wien: Linde.

Hillmann, Mirco (2011). *Unternehmenskommunikation kompakt.* Das 1 × 1 für Profis. Wiesbaden: Gabler.

Hippner, Hajo (2006). Bedeutung, Anwendungen und Einsatzpotenziale von Social Software. In: *HMD. Praxis der Wirtschaftsinformatik*, 43 (252), S. 6-16.

Homburg. Christian; Krohmer, Harley (2009). *Marketingmanagement.* Strategie – Instrumente – Umsetzung – Unternehmensführung. 3., überarbeitete und erweiterte Auflage. Wiesbaden: Gabler.

Huber, Melanie (2010). *Kommunikation im Web 2.0.* 2., überarbeitete Auflage. Konstanz: UVK.

Kilian, Thomas; Hass, Berthold H.; Walsh, Gianfranco (2008). Grundlagen des Web 2.0. In: Hass, Berthold H.; Walsh, Gianfranco; Kilian, Thomas. (Hrsg.). *Web 2.0. Neue Perspektiven für Marketing und Medien.* Springer: Berlin/Heidelberg, S. 2-22.

Kleinaltenkamp, Michael; Plinke, Wulff; Söllner, Albrecht (2001). Geschäftsbeziehungen – empirisches Phänomen und Herausforderung für das Management. In: Kleinaltenkamp Michael; Plinke, Wulff; Geiger, Ingmar; Jacob, Frank; Söllner, Albrecht (Hrsg.). *Geschäftsbeziehungsmanagement.* Konzepte, Methoden, Instrumente. 2., überarbeitete und erweiterte Auflage. Wiesbaden: Gabler, S. 17-44.

Kroeber-Riel, Werner; Esch, Franz-Rudolf (2011). *Strategie und Technik der Werbung.* Verhaltens- und neurowissenschaftliche Erkenntnisse. 7., aktualisierte und überarbeitete Auflage. Stuttgart: Kohlhammer.

Kroeber-Riel, Werner; Weinberg, Peter (2003). Konsumentenverhalten. 8., aktualisierte und ergänzte Auflage. München: Vahlen.

Kuß, Alfred; Tomczak, Torsten (2007). *Käuferverhalten.* Eine marketingorientierte Einführung [= UTB 1604]. 4., überarbeitete Auflage. Stuttgart: Lucius & Lucius.

Lachenmaier, Stefan; Virtual Identity (2009). *Studie: Webnutzung deutscher B2B Entscheider.* Hg. von der Virtual Identity AG. (Studie zur Verfügung gestellt von der Virtual Identity AG.)

Langner, Sascha (2008). Viral Marketing. In: Schwarz, Thomas (Hrsg.). *Leitfaden Online Marketing.* 2. Auflage. Waghäusel: marketing-Börse GmbH, S. 659-671.

Manger, Michael; Wache, Uwe (2011). Krisenkommunikation in Social Media. In: Dörfel, Lars; Schulz, Theresa (Hrsg.). *Social Media in der Unternehmenskommunikation.* Berlin: scm, S. 189-201.

Masciadri, Peter; Zupancic, Dirk (2010). *Marken- und Kommunikationsmanagement im B-to-B-Geschäft.* Clever positionieren, erfolgreich kommunizieren. Wiesbaden: Gabler.

Mast, Claudia (2010). *Unternehmenskommunikation.* Ein Leitfaden. 4., neue und erweiterte Auflage. Stuttgart: Lucius & Lucius.

Mast, Claudia; Huck, Simone; Güller, Karoline (2005). *Kundenkommunikation.* Ein Leitfaden. Stuttgart: Lucius & Lucius.

Meffert, Heribert; Burmann, Christoph; Kirchgeorg, Manfred (2008). *Grundlagen marktorientierter Unternehmensführung.* Konzepte - Instrumente - Praxisbeispiele. 10., vollständig überarbeitete und erweiterte Auflage. Wiesbaden: Gabler.

Merten, Klaus (1977): *Kommunikation.* Eine Begriffs- und Prozessanalyse. Opladen: Westdeutscher Verlag.

Michelis, Daniel (2012). Organisieren ohne Organisationen. In: Michelis, Daniel; Schildhauer, Thomas (Hrsg.). *Social Media Handbuch.* Theorien, Methoden, Modelle und Praxis. 2., aktualisierte und erweiterte Auflage. Baden-Baden: Nomos, S. 118-133.

Pleil, Thomas (2010). *Mehr Wert schaffen.* Social Media in der B2B-Kommunikation. Hg. vom Institut für Kommunikation der Hochschule Darmstadt und der Profilwerkstatt GmbH. Darmstadt: Profilwerkstatt.

Roebers, Frank; Leisenberg, Manfred (2010). *Theorie und Praxis. Web 2.0 im Unternehmen.* Ein Kursbuch für Führungskräfte. Hg. von der Computerwoche. Hamburg: tredition-Verlag.

Rumler, Andrea (2002). *Marketing für mittelständische Unternehmen.* Berlin: SPC TEIA Lehrbuch Verlag.

Safko, Lon; Brake, David K. (2009). *The Social Media Bible.* Tactics, Tools & Strategies for Business Success. John Wiley & Sons, Inc: Hoboken, New Jersey.

Sawtschenko, Peter (2010). *Positionierung - das erfolgreichste Marketing auf unserem Planeten.* Das Praxisbuch für ungewöhnliche Markterfolge: von der Austauschbarkeit zur Alleinstellung – die erfolgreichsten Praxis-Strategien für kleine und mittelständische Unternehmen. 4. Auflage. Offenbach am Main: GABAL.

Schaffner, Dorothea; Scherer, Eric; Schnyder, Cristina (2001). Läßt sich Lehren automatisieren? Grundlagen zum Thema E-Learning. In: *Industrie Management*, 17, S. 65-69.

Schick, Siegfried (2010). *Interne Unternehmenskommunikation.* Strategien entwickeln, Strukturen schaffen, Prozesse steuern. 4., überarbeitete und aktualisierte Auflage. Stuttgart: Schäffer-Poeschel.

Schindler, Marie-Christine; Liller, Tapio (2012). *PR im Social Web. Das Handbuch für Kommunikationsprofis.* 2., aktualisierte und erweiterte Auflage. Köln: O'Reilly.

Schmid, Beat F.; Lyczek, Boris (2008). Die Rolle der Kommunikation in der Wertschöpfung der Unternehmung. In: Schmid, Beat F.; Lyczek, Boris (Hrsg.). *Unternehmenskommunikation. Kommunikationsmanagement aus Sicht der Unternehmensführung.* 2. Auflage. Wiesbaden: Gabler, S. 3-150.

Schögel, Marcus ; Walter, Verena ; Arndt, Oliver (2008). Neue Medien im Customer Relationship Management. Potenziale für eine erfolgreiche Kundenbeziehung. In: Belz, Christian; Schögel, Marcus; Arndt, Oliver; Walter, Verena (Hrsg.). *Interaktives Marketing.* Neue Wege zum Dialog mit Kunden. Wiesbaden: Gabler, S. 438-458.

Schulz von Thun, Friedemann (2011). *Miteinander reden.* 1. Störungen und Klärungen: Allgemeine Psychologie der Kommunikation. 49. Auflage. Reinbek bei Hamburg: Rowohlt.

Scott, David Meerman (2010). *Die neuen Marketing- und PR-Regeln im Web 2.0.* Wie Sie im Social Web News Releases, Blogs, Podcasting und virales Marketing nutzen, um Ihre Kunden zu erreichen. 2., aktualisierte Auflage. Heidelberg u. a.: mitp.

Seidel, Eric (2009). Weblogs als Kommunikationsinstrument für Unternehmen. In: Drees, Norbert (Hrsg.). *Erfurter Hefte zum angewandten Marketing. Heft 23: Unternehmenskommunikation.* Erfurt: Fachhochschule Erfurt, S. 3-32.

Stöckl, Ralph; Rohrmeier, Patrick.; Hess, Thomas (2008). Why Customers Produce User Generated Content. In: Hass, Berthold H.; Walsh, Gianfranco; Kilian, Thomas. (Hrsg.) *Web 2.0. Neue Perspektiven für Marketing und Medien.* Berlin/Heidelberg: Springer, S. 271-287.

Trommsdorff, Volker (2009). *Konsumentenverhalten.* 7., vollständig überarbeitet und erweiterte Auflage. Stuttgart: Kohlhammer.

Urban, Thomas; Carjell, Andreas M. (2011). *Webinare, QR-Codes und LBS-Service.* Neue Instrumente im Multimedia Marketing (=Multimedia Marekting & Kommunikation, Bd. 2). Hg. von Thomas Urban. Frankfurt am Main u. a.: Peter Lang.

Urchs, Ossi; Körner, Alexander (2008). Viral Marketing. In: Schwarz, Thomas (Hrsg.). *Leitfaden Online Marketing.* 2. Auflage. Waghäusel: marketing-Börse GmbH, S. 672-690.

Voeth, Markus; Herbst, Uta (2008). Interaktives Marketing und Industriegütermarketing. In: Belz, Christian; Schögel, Marcus; Arndt, Oliver; Walter, Verena (Hrsg.). *Interaktives Marketing.* Neue Wege zum Dialog mit Kunden. Wiesbaden: Gabler, S. 355-366.

Weber, Steven (2005). *The Success of Open Source*. Cambridge: Harvard University Press.

Weigand, Andreas; Krause, Stephanie (2010). *Strategische Unternehmensführung*. Konzepte – Prozesse – Instrumente. Krummesse: Erasmus.

Weinberg, Tamar (2012). *Social Media Marketing*. Strategien für Twitter, Facebook & Co. Deutsche Bearbeitung von Wibke Lawig & Corina Pahrmann. 3., aktualisierte Auflage. Köln: O'Reilly.

Welge, Martin K.; Al-Laham, Andreas (2008). *Strategisches Management*.. Grundlagen, Prozess, Implementierung. 5., vollständig überarbeitete Auflage. Wiesbaden: Gabler.

Zerfaß, Ansgar (2007). Unternehmenskommunikation und Kommunikationsmanagement: Grundlagen, Wertschöpfung, Integration. In: Manfred Piwinger; Ansgar Zerfaß (Hrsg.). *Handbuch Unternehmenskommunikation*. Wiesbaden: Gabler, S. 21-70.

Internet

Bayer (2012). In: http://www.bayer.de (Zugriff: 02.08.2012; 18:35 Uhr)

Bayer AG (2011). *Geschäftsbericht 2011*. In: http://www.geschaeftsbericht2011.bayer.de/de/bayergeschaeftsbericht-2011.pdfx (Zugriff: 03.08.2012; 19:42 Uhr)

Bayer Facebook (2012). In: http://www.facebook.com/Bayer (Zugriff: 03.08.2012; 18:29 Uhr)

Bayer Facebook Bayer Ausbildung (2012). In: http://www.facebook.com/bayerausbildung (Zugriff: 03.08.2012; 18:15 Uhr)

Bayer Facebook Bayer CropScience Deutschland (2012). In: http://www.facebook.com/agrar.bayer (Zugriff: 03.08.2012; 18:24 Uhr)

Bayer Facebook Bayer HealthCare (2012). In: http://www.facebook.com/healthcare.bayer (Zugriff: 03.08.2012; 18:27 Uhr)

Bayer Facebook Bayer Karriere (2012). In: http://www.facebook.com/BayerKarriere (Zugriff: 03.08.2012; 18:21 Uhr)

Bayer Facebook BayKomm (2012). In: http://www.facebook.com/BayKomm (Zugriff: 03.08.2012; 18:11 Uhr)

Bayer Facebook Jugend forscht (2012). In: http://www.facebook.com/JugendforschtmitBayer (Zugriff: 03.08.2012; 18:15 Uhr)

Bayer Flickr (2009). In: http://www.flickr.com/photos/bayerag (Zugriff: 03.08.2012; 18:40 Uhr)

Bayer Google+ (2012). In: https://plus.google.com/100962969102510409380/posts (Zugriff: 03.08.2012; 19:11 Uhr)

Bayer LinkedIn (2012). In: http://www.linkedin.com/company/bayer (Zugriff: 03.08.2012; 18:44 Uhr)

Bayer Slideshare (2012). In: http://www.slideshare.net/bayerag (Zugriff: 03.08.2012; 18:37 Uhr)

Bayer Social Media (2012). Bayer @ Social Media. In: http://www.bayer.de/de/socialmedia.aspx (Zugriff: 02.08.2012; 19:59 Uhr)

Bayer TV YouTube (2012). In: http://www.youtube.com/user/BayerTV (Zugriff: 03.08.2012; 18:34 Uhr)

Bayer Twitter Bayer CropScience (2012). In: https://twitter.com/Tweet2Harvest (Zugriff: 03.08.2012; 18:57 Uhr)

Bayer Twitter Bayer HealthCare (2012). In: https://twitter.com/bayerhealthcare (Zugriff: 03.08.2012; 18:53 Uhr)

Bayer Twitter Bayer Karriere (2012). In: https://twitter.com/bayerkarriere (Zugriff: 03.08.2012; 18:59 Uhr)

Bayer Twitter Bayer Presse (2012). In: https://twitter.com/bayer_presse (Zugriff: 03.08.2012; 18:51 Uhr)

Bayer Twitter Bayer Sustainability (2012). In: https://twitter.com/bayer_sd (Zugriff: 03.08.2012; 18:48 Uhr)

Bayer Wikipedia (2012). In: http://de.wikipedia.org/wiki/Bayer_AG (Zugriff: 03.08.2012; 19:06 Uhr)

Bayer XING (2012). In: https://www.xing.com/companies/bayer (Zugriff: 03.08.2012; 18:31 Uhr)

Bayer YouTube (27.04.2012). *IT'S GONNA BE A GOOD DAY! - Bayer's Recruiting-Song.* In: http://www.youtube.com/watch?v=TGICsTAqRi4 (Zugriff: 03.08.2012; 19:48 Uhr)

Bayer YouTube (26.09.2011). *Karlheinz 40. anniversary at Bayer: Behind the scenes - Flashmob für Karlheinz.* In: http://www.youtube.com/watch?v=cua00igv4TM (Zugriff: 03.08.2012; 19:48 Uhr)

Brien, Jörn (03.05.2012). *SEO: Engagement auf Google+ schlägt Facebook und Twitter.* In: http://t3n.de/news/seo-engagement-google-schlagt-385441/ (Zugriff: 19.07.2012; 19:02 Uhr)

Bundesverband Informationswirtschaft, Telekommunikation und neue Medien e. V. (BITKOM) (2012). Social Media in deutschen Unternehmen. In: http://www.bitkom.org/files/documents/Social_Media_in_deutschen_Unternehmen.pdf (Zugriff: 25.07.2012; 19:05 Uhr)

Bundesverband Informationswirtschaft, Telekommunikation und neue Medien e. V. (BITKOM) (2010). Leitfaden Social Media. In: http://www.bitkom.org/files/documents/Leitfaden_Social_Media.pdf (Zugriff: 27.07.2012; 12:07 Uhr)

Bundesverband Digitale Wirtschaft (BVDW) e. V. (2011). *Social Media Kompass 2011/2012.* In: http://www.bvdw.org/fileadmin/bvdw-shop/smk-2011.pdf (Zugriff: 09.06.2012, 22:02 Uhr)

Bundesverband Digitale Wirtschaft (BVDW) e. V. (2009). *Social Media Kompass 2009.* In: http://social-network-marketing.info/sites/default/files/BVDW%20Social%20Media%20Kompass%202009.pdf (Zugriff: 09.06.2012, 21:58 Uhr)

Gabler Wirtschaftslexikon (2012). *Stichwort: Anspruchsgruppen.* In: http://wirtschaftslexikon.gabler.de/Archiv/1202/anspruchsgruppen-v6.html (Zugriff: 24.06.2012; 19:24 Uhr)

Gabler Wirtschaftslexikon (2012a). *Stichwort: Interne Unternehmenskommunikation.* In: http://wirtschaftslexikon.gabler.de/Definition/interne-kommunikation.html (Zugriff: 24.06.2012; 19:24 Uhr)

Gabler Wirtschaftslexikon (2012b). *Stichwort: Unternehmenskultur.* In: http://wirtschaftslexikon.gabler.de/Definition/unternehmenskultur.html (Zugriff. 15.07.2012, 16:57 Uhr)

GNU Betriebssystem (2012). *Freie-Software-Definition.* In: http://www.gnu.org/philosophy/free-sw.de.html (Zugriff: 11.07.2012; 19:01 Uhr)

Greif, Björn (18.07.2012). *Bericht über sinkende Nutzerzahlen lässt Facebook-Aktie fallen.* In: http://www.zdnet.de/88115098/bericht-uber-sinkende-nutzerzahlen-lasst-facebook-aktie-fallen/ (Zugriff: 19.07.2012; 18:35 Uhr)

Hanna, Ben (2009). *2009 Business Social Media Benchmarking Study.* General Summary Report Based on Insights into Business Social Media Usage Provided by Nearly 3,000 North American Business Professionals. In: http://www.slideshare.net/guest5007d6/bsuniesscom-2009-social-media-benchmark-study (Zugriff: 22.07.2012; 14:01 Uhr)

Heilmittelwerbegesetz (HWG) (2006). *Gesetz über die Werbung auf dem Gebiete des Heilwesens (Heilmittelwerbegesetz - HWG).* Heilmittelwerbegesetz in der Fassung der Bekanntmachung vom 19. Oktober 1994 (BGBl. I S. 3068), zuletzt geändert durch Art. 2 G v. 26.4.2006, in Kraft ab 6.8.2004. In: http://www.gesetze-im-internet.de/bundesrecht/heilmwerbg/gesamt.pdf (Zugriff: 03.08.2012; 19:10 Uhr)

Informationsgemeinschaft zur Feststellung der Verbreitung von Werbeträgern e. V. (IVW) (2012). *Werbeträgerdaten Print – Quartalsauflagen.* In: http://www.ivw.de/index.php?menuid=37&reporeid=10#tageszeitungen (Zugriff: 16.07.2012; 20:18 Uhr)

Lachner Aden Beyer & Company GmbH (LAB) (2012). *Social Media: Auch deutsche Manager „xingen" mit.* 26. LAB Managerpanel. In: www.labcompany.net/download/106/26_LAB_Managerpanel_Ergebnispraesentation.pdf (Zugriff: 26.07.2012; 13:32 Uhr)

LinkedIn (2012). *The World's Largest Audience of Professionals.* In: http://marketing.linkedin.com/audience (Zugriff: 10.08.2012; 18:15 Uhr)

Lufthansa Cargo (2012a). In: http://lufthansa-cargo.com (Zugriff: 04.08.2012; 17:13 Uhr)

Lufthansa Cargo (2012b). *Zahlen und Fakten.* In: http://lufthansa-cargo.com/filead min/user_upload/corporate/pdf/04_Company/2012/Facts-Figures_2012_d_JPK.pdf (Zugriff: 04.08.2012; 17:14 Uhr)

Lufthansa Cargo Facebook (2012). In: http://www.facebook.com/lufthansacargoag (Zugriff: 04.08.2012; 19:00 Uhr)

Lufthansa Cargo LinkedIn (2012). In: http://www.linkedin.com/company/4232?trk =tyah (Zugriff: 04.08.2012; 18:22 Uhr)

Lufthansa Cargo Twitter (2012). In: https://twitter.com/lufthansa_cargo (Zugriff: 04.08.2012; 19:01 Uhr)

Lufthansa Cargo XING (2012). In: https://www.xing.com/companies/lufthansacargoag (Zugriff: 04.08.2012; 18:23 Uhr)

Lufthansa Newsroom (2012). In: http://newsroom.lufthansa.com/ (Zugriff: 04.08.2012; 18:10 Uhr)

Lufthansa YouTube Be Lufthansa (2012). In: http://www.youtube.com/ user/belufthansa?feature=results_main (Zugriff: 05.08.2012; 17:18 Uhr)

Lufthansa YouTube Brand Channel (2012). In: http://www.youtube.com/ user/lufthansa?feature=results_main (Zugriff: 05.08.2012; 17:20 Uhr)

Lufthansa YouTube Global Channel (2012). In: http://www.youtube.com/ user/lufthansaglobal?feature=results_main (Zugriff: 05.08.2012; 17:21 Uhr)

Mai, Jochen (11.02.2010). *Prinzip Öffnung – Warum Bayer-Mitarbeiter neuerdings twittern dürfen.* In: http://karrierebibel.de/prinzip-offnung-warum-bayer-mitarbeiter-neuerdings-twittern-durfen/ (Zugriff: 03.08.2012; 19:32 Uhr)

Meyer, Richard (24.08.2011). *Wie Google Plus die SEO-Landschaft verändern könnte. Google Plus - mehr als ein Soziales Netzwerk?* In: http://www.gruenderszene.de/ marketing/google-plus-seo (Zugriff: 19.07.2012; 19:03 Uhr)

Naab, Teresa; Beekmann, Arne; Klimmt, Christoph (2009). *Die Glaubwürdigkeit von Corporate Weblogs aus der Sicht der Blogger-Community.* In: http://mo2.lmz.navdev.de/fileadmin/bibliothek/naab_beekmann_klimmt_corporate_ weblogs/naab_beekmann_klimmt_corporate_weblogs.pdf (Zugriff: 20.07.2012; 22:43 Uhr)

OpenPR (06.07.2010). *OpenSource Enterprise 2.0.* Pressemitteilung von: Westaflex Gütersloh. In: http://www.openpr.de/news/445356/OpenSource-Enterprise-2-0.html (Zugriff: 31.07.2012; 16:46 Uhr)

Open Source Initiative (OSI) (2012a). *Open Source Definition.* In: http://www.opensource.org/docs/osd (Zugriff: 06.04.2012; 19:29 Uhr)

Open Source Initiative (OSI) (2012b). *History of the OSI.* In: http://www.opensource.org/history (Zugriff: 06.04.2012; 19:34 Uhr)

Open Source Initiative (OSI) (2012c). *Open Source Mission.* In: http://www.opensource.org/ (Zugriff: 06.04.2012; 19:33 Uhr)

O'Reilly , Tim (2005). *What Is Web 2.0?* Design Patterns and Business Models for the Next Generation of Software. (09/30/2005). In: http://oreilly.com/web2/archive/what-is-web-20.html (Zugriff: 01.04.2012, 18:04 Uhr)

O'Reilly, Tim (2005a). *Web 2.0: Compact Definition?* (10/01/2005). In: http://radar. oreilly.com/2005/10/web-20-compact-definition.html (Zugriff: 09.06.2012, 20:38 Uhr)

Owyang, Jeremiah (2011). *Social Business Readiness: How Advanced Companies Prepare Internally.* Social media crises are on rise, yet many can be avoided through preparation. Hg. von der Altimeter Group. In: www.brandchannel.com/ images/papers/530_altimeter_wp_social_business_readiness_0911.pdf (Zugriff: 14.07.2012, 13:44 Uhr)

Reißman, Ole/Spiegel Online (11.06.2012). *Soziale Netzwerke – Holtzbrinck beerdigt VZ-Netzwerke.* In: http://www.spiegel.de/netzwelt/web/netz-fuer-schueler-keine-hoffnung-mehr-fuer-studivz-a-838115.html (Zugriff: 28.07.2012; 17:25 Uhr)

Sarsam, Riem (22.03.2011). *CIO gewöhnt sich E-Mails ab. Wie Bayer Material-Science Web 2.0 lebt.* In: http://www.cio.de/strategien/methoden/2265759/index2.html (Zugriff: 05.08.2012; 13:32 Uhr)

Social Media Statistiken (2012). In: http://www.socialmediastatistik.de/ (Zugriff: 19.07.2012: 18:20 Uhr)

Spiegel Online (25.06.2012). *Milliardenschwere Übernahme – Microsoft kauft soziales Netzwerk Yammer.* In: http://www.spiegel.de/wirtschaft/unternehmen/milliardenschwere-uebernahme-microsoft-kauft-soziales-netzwerk-yammer-a-840900.html (Zugriff: 19.07.2012; 18:40 Uhr)

Statista.com (2012a). *Wie stufen Sie die Wichtigkeit von Social Media Marketing heute und in Zukunft im B2B-Segment ein?* In: http://de.statista.com/statistik/daten/studie/164195/umfrage/bedeutung-von-social-media-marketing-im-b2b-segment/ (Zugriff: 08.05.2012; 18:45 Uhr)

Statista.com (2012b). *Welche Bereiche Ihres Unternehmens nutzen derzeit Social Media?* In: http://de.statista.com/statistik/daten/studie/190113/umfrage/einsatz-von-social-media-in-b2b-und-b2c-unternehmen-nach-unternehmensbereichen/ (Zugriff: 08.05.2012; 18:40 Uhr)

Statista.com (2012c). *Social Media Plattformen, die von B2B-Vermarktern genutzt werden nach Erfolg der Vermarkter.* In: http://de.statista.com/statistik/daten/studie/167726/umfrage/nutzung-von-social-media-plattformen-von-b2b-vermarktern/ (08.05.2012; 18:42 Uhr)

Statista.com (2012d). *Anzahl der Blogs weltweit von 2006 bis 2011 (in Mio., jeweils Oktober).* In: http://de.statista.com/statistik/daten/studie/220178/umfrage/anzahl-der-blogs-weltweit/ (Zugriff: 20.07.2012; 19:15 Uhr)

Stelzner, Michael A. (2001). *2011 Social Media Marketing Industry Report.* How Marketers Are Using Social Media to Grow Their Businesses. Hg. von Social Media Examiner. In: http://www.socialmediaexaminer.com/SocialMediaMarketingReport2011.pdf (Zugriff: 26.07.2012; 12:40 Uhr)

Vickery, Graham; Wunsch-Vincent, Sacha; Organisation for Economic Co-operation and Development (OECD) (2007). *Participative Web and User-created Content: Web 2.0, Wikis and Social Networking.* In: www.oecd.org/dataoecd/57/14/38393115.pdf (Zugriff: 01.04.2012; 21:53 Uhr)

Westaflex (2012). In: http://www.westaflex.com (Zugriff: 29.07.2012; 14:46 Uhr)

Westaflex Blog (2012). Wie das ostwestfälische Unternehmen Westaflex die Angebote des Web 2.0 nutzt. In: http://www.westaflex.com/unternehmen/blog/wie-das-ostwestfaelische-unternehmen-westaflex-die-angebote-des-web-2.0-nutzt (Zugriff: 31.07.2012; 20:06 Uhr)

Westaflex Google+ (2012). In: https://plus.google.com/108444515873470685962/posts (Zugriff: 31.07.2012; 21:01 Uhr)

Westflex Facebook (2012). In: http://www.facebook.com/westaflex (Zugriff: 31.07.2012; 20:46 Uhr)

Westaflex LinkedIn (2012). In: http://www.linkedin.com/company/westaflex/products?trk=tabs_biz_product (Zugriff: 30.07.2012; 20:31 Uhr)

Westaflex Newsroom (2012). In: http://www.westaflex.com/unternehmen/newsroom (Zugriff: 04.08.2012; 19:12 Uhr)

Westaflex YouTube (2012). In: http://www.youtube.com/user/westaflexmovies/feed (Zugriff: 31.07.2012; 21:12 Uhr)

Wiese, Jens (19.07.2012). *Interview: Lufthansa Cargo auf Facebook – B2B und Facebook funktioniert doch!* In: http://allfacebook.de/interview/interview-lufthansa-cargo-auf-facebook-b2b-und-facebook-funktioniert-doch (Zugriff: 04.08.2012; 19:04 Uhr)

XING (2012). *Pressemitteilung: XING erzielt im 1. Quartal höchstes Mitgliederwachstum seit drei Jahren im deutschsprachigen Raum.* In: http://corporate.xing.com/deutsch/presse/pressemitteilungen/pressemitteilungen-detailansicht/article/pressemitteilungbr-9/572/fd7644d49eb0c033b420618ccf4daf07/ (Zugriff: 19.07.2012; 18:18 Uhr)

Yammer (2012). In: https://www.yammer.com/ (Zugriff: 19.07.2012: 18:23 Uhr)

YouTube (2012). In: http://www.youtube.com/watch?v=316AzLYfAzw (Zugriff: 30.05.2012; 18:23 Uhr)

4imedia (2012). Interne Kommunikation. In: http://business.4imedia.com/interne-kommunikation-lufthansa (Zugriff: 05.08.2012; 17:18 Uhr)

Anhang

A1 The Open Source Definition[86]

Introduction
Open source doesn't just mean access to the source code. The distribution terms of open source software must comply with the following criteria:

1. Free Redistribution
The license shall not restrict any party from selling or giving away the software as a component of an aggregate software distribution containing programs from several different sources. The license shall not require a royalty or other fee for such sale.

2. Source Code
The program must include source code, and must allow distribution in source code as well as compiled form. Where some form of a product is not distributed with source code, there must be a well-publicized means of obtaining the source code for no more than a reasonable reproduction cost preferably, downloading via the Internet without charge. The source code must be the preferred form in which a programmer would modify the program. Deliberately obfuscated source code is not allowed. Intermediate forms such as the output of a preprocessor or translator are not allowed.

3. Derived Works
The license must allow modifications and derived works, and must allow them to be distributed under the same terms as the license of the original software.

4. Integrity of The Author's Source Code
The license may restrict source code from being distributed in modified form *only* if the license allows the distribution of "patch files" with the source code for the purpose of modifying the program at build time. The license must explicitly permit distribution of software built from modified source code. The license may require derived works to carry a different name or version number from the original software.

5. No Discrimination Against Persons or Groups
The license must not discriminate against any person or group of persons.

6. No Discrimination Against Fields of Endeavor
The license must not restrict anyone from making use of the program in a specific field of endeavor. For example, it may not restrict the program from being used in a business, or from being used for genetic research.

7. Distribution of License
The rights attached to the program must apply to all to whom the program is redistributed without the need for execution of an additional license by those parties.

---

[86] OSI (2012a)

8. License Must Not Be Specific to a Product

The rights attached to the program must not depend on the program's being part of a particular software distribution. If the program is extracted from that distribution and used or distributed within the terms of the program's license, all parties to whom the program is redistributed should have the same rights as those that are granted in conjunction with the original software distribution.

9. License Must Not Restrict Other Software

The license must not place restrictions on other software that is distributed along with the licensed software. For example, the license must not insist that all other programs distributed on the same medium must be open-source software.

10. License Must Be Technology-Neutral

No provision of the license may be predicated on any individual technology or style of interface.

A2 Experteninterviews

Jan Westerbarkey | Geschäftsführender Gesellschafter der Westaflex GmbH[87]

1. *Was sind die wichtigsten Beweggründe für das Social-Media-Engagement Ihres Unternehmens?*

Vielleicht DER Grund, überhaupt mit sozialen Medien zu interagieren ist, auf Augenhöhe mit unseren Anwendern sein zu wollen. Die Techniken des Web 2.0 kann man vielleicht auch als Kultur-Werkzeuge verstehen: man sollte die Bedienung kennen, um sie zu nutzen. Es ist ein Dialog-Angebot anstatt eines ein-seitigen Webseiten-Auftritts.

In einer komplexeren Welt sehen wir uns nach Bestätigung und Freundes-Hilfe aus Foren und (Online-) Gemeinschaften.

Während im B2B-Geschäft und dem 3-stufigen Vertriebsweg Produkt- und Preis-Transparenz absichtlich (*vom Handel*) nicht gewollt wird, ist ein ‚Aufschlauen' der Endkunden vor Messen üblich. Wir glauben, nur durch Offenheit und Kommunikation unsere Marke und Image aufrecht erhalten zu können. Daher setzen wir klar auf Open Source und Hersteller-neutrale Apps.

Man könnte aber auch sagen: mittlerweile herrscht im Privat-, wie im Berufsleben Normalität. Die Werkzeuge sind gleich.

2. *Welche Social-Media-Anwendungen sind Ihrer Erfahrung nach im B2B besonders erfolgreich und warum?*

Die Bewertung erfolgreich hat den internen und externen Aspekt. Während viele Menü- und Verteiler-Funktionen nur noch Piktogramme sind, werden ERP-Systeme (noch) textlich mit Kommando-Befehlen gesteuert. So gesehen ist der beste Erfolg, wenn auch die internen Anwendungen auf einer Start-Portalseite grafisch zusammen geführt werden. Nur eine vereinheitlichte Oberfläche mit automatischen Daten- und Nachrichten-Übergängen hebt die traditionelle Trennung zwischen mobiler und stationärer Sichtweise auf.

Die Innovations-Geschwindigkeit externer, also bspw. Datenwolken-Anwendungen lässt die schrittweisen Anpassungen der eigenen Hausprogramme weniger erfolgreich und auf jeden Fall zu langsam dastehen. Der Wandlungs- und Anpassungsdruck kommt von außen; tradierte Informations- und Nachrichtenwege oder Prozesse werden überflüssig.

---

[87] Das Interview kann ebenfalls eingesehen werden unter:
(http://www.westaflex.com/unternehmen/blog/multimediale-unternehmenskultur)

Am erfolgreichsten waren bei uns jene Projekte, die aus Ideen des betrieblichen Vorschlagswesens stammten (Beispielsweise http://noscenda.de/).

3. *Welche Herausforderungen hinsichtlich Social Media erleben Sie in Ihrem geschäftlichen Alltag mit Ihren Kunden?*
Ganze Vertriebswege, Zwischenstufen, Abwicklungen und Verfahren werden durch Web 2.0-Technologien in Frage gestellt. Unternehmen sind gewohnt Kommunikation zu steuern und (*möglicherweise*) zu kontrollieren. Das Verhältnis zu den Kunden und Lieferanten wird durch Flatrate-Techniken inniger und partnerschaftlicher, sofern die Unternehmenskultur die neuen Medien-Möglichkeiten annimmt.

Die Welt wird zum Dorf; Speed Dating und Video-Chat zur Normalität. Und das Smartphone zum Türöffner und Archiv.

Besonders der Mittelstand und Dienstleister bekommen ganz neue Breitenwirkung, sofern sie die Chancen als solche neugierig ergreifen und nutzen. Leider gibt es so recht keine Checkliste zur Einführung einer atmenden, flexiblen Organisation: der Weg beginnt mit dem Entschluss und begleitet jedermann innerhalb seiner Unternehmenszugehörigkeit ein Berufsleben lang.

Im Sinne unser Kunden bedeutet Soziale Medien Nutzung: denkbare Ideen werden gemeinsame, individuelle Produkt-Realität.

4. *Was sind Ihrer Meinung nach die drei wichtigsten Punkte, die B2B-Unternehmen heute bei Social Media beachten müssen?*
Die (a) Schrittfolgen des gesunden Menschenverstandes und (b) die absolute Rückendeckung für die Mitarbeiter als Markenbotschafter auftreten zu dürfen, sind schon alle notwendigen Zutaten.

Erfolgreiches soziales und mediales Engagement entscheidet sich nicht durch umfangreiche Risiko-Betrachtung mit externer Hilfe, sondern durch tägliche Anwendung als Alltäglichkeit und integrativer Bestandteil. Die Medien-Kompetenz der Mitarbeiter ist zu stärken, damit diese sich genauso frei und kompetent bewegen können.

Die Wahl der richtigen Hilfsmittel, wie auch des Zeitpunktes wird dezentral am jeweiligen Arbeitsplatz und nicht mehr zentral durch die PR-Abteilung getroffen. Gleiches gilt übrigens auch fürs Social Monitoring mit umgehenden Freiräumen zur Handlung. Nur so werden soziale Medien gelebt; aus Skeptikern werden Erfolgsanwender.

Uns sind die unternehmerische Eigenverantwortung und das soziale Mithandeln wichtig.

5. *Wie sieht es Ihrer Erfahrung nach mit der Social-Media-Nutzung in Ihrer Branche allgemein aus?*

Es vollzieht sich im wahrsten Sinne ein Generationswechsel. Bei jungen Fach- und Führungskräften gibt es sogar eine Erwartungshaltung in Bezug auf soziale Medien, der wir gern entsprechen.

Jede Organisation ist ein Wettstreit an Wünschen, Meinungen und Vorstellungen der Altersklassen, Geschlechter und Nationalitäten. Im Sinne der Vereinbarkeit von Beruf und Privatleben, sowie Nationen-Diversität sind die (*neuen*) sozialen Werkzeuge der Zusammenarbeit ein Segen. Nicht jedes Unternehmen in unserer Branche hat diese Zusammenhänge bislang erkannt. Für den inhabergeführten Mittelstand ein einmaliger Wettbewerbsvorteil um die klügsten Köpfe im Innovations-Management.

Insgesamt wünschen wir uns mehr Neugier und Lerneffekte bei unseren Kunden und Lieferanten - sicherlich trägt unser Fallbeispiel als story telling dazu bei.

Je mehr Multimedia-Anwendungen (*Wiki, Apps*) und interaktive Hardware in die Berufswelt einziehen, desto selbstverständlicher sind mobile Glasscheiben ohne Tastatur und Spracheingabe.

6. *Welche Vorteile sehen Sie für B2B-Unternehmen gegenüber B2C beim Social-Media-Einsatz?*

Wenn es generell nur Produzenten und Konsumenten gibt, ist eine Zielgruppen-Aufteilung unglücklich. Wir sprechen daher schon von H2H, d. h. Human-to-Human Marketing mit all seinen Facetten. Kurz: Unsere Produkte werden von Menschen für Menschen hergestellt - wir schaffen individuelle Lebensräume.

Um diese zunehmende Individualisierung bei gleichzeitiger Baugruppen-Standardisierung überhaupt bewältigen zu können, müssen wir ganz nah am Markttrend sein. Ohr-am-Markt Werkzeuge ist ohnehin ein anderer Name für Social Media.

Möglicherweise wurden jedoch B2C-Unternehmungen bereits sehr viel früher zu Marktanpassungen durch Social Media Transparenz genötigt. Das sagt jedoch nichts über Nachhaltigkeit der neuen Abläufe aus. Wenn in Unternehmen Sekretariate zugunsten selbst-schreibender und selbst-organisierender Abteilungsleiter umgewandelt wurden, werden jetzt Mitarbeiter zu Selbst-Bloggern und Ad-hoc-Bedienern von Web-Redaktionssystemen.

Fazit: statt B2B und B2C nun ein generelles Selbst (*schwedische Verhältnisse*).

7. *Was würden Sie anderen B2B-Unternehmen empfehlen, wenn es um die Entscheidung geht „Social Media – ja oder nein?"?*
Es gibt kein zu spät oder zu klein. Ab heute ist der richtige Zeitpunkt, den Dialog zu starten, wenn auch die Kommunikations-Kanäle ganz neu sind. Das frühere Gespräch-beim-Bäcker, mit Austausch der Argumente über Wetter, Land und Leute, ist jetzt öffentlich.

Offenheit erzeugt Vertrauen und garantiert langfristigen Unternehmenserfolg, selbst in einer durch Patentstreitigkeiten geprägten Technikwelt. Vertrauen und Dialogbereitschaft sind ebenfalls Basis für Kooperationen mit Lieferanten.

Das Arbeitsleben (*Vertrauens- und Lebens-Arbeitszeit*) gestaltet sich neu, der Wandel ist nur durch Mitmachen zu konfigurieren. Ein multimediales Zurück findet nicht mehr statt, unsere digitale Gesellschaft ist Realität, wir sollten möglichst alle Mitglieder mitnehmen (*Azubis, Rentner, Schüler usw.*).

Mit multimedialem Engagement wird ein Unternehmen nicht als abgehoben, sondern als sozial wahrgenommen. Wenn gerade Familien-Unternehmen durch ihre Mitarbeiter und wiederum durch ihre Familien abgebildet werden, ist Social Media angekommen: *in der Normalität.*

Thomas Helfrich | Social Media and Executive Support bei der Bayer AG

1. *Was sind die wichtigsten Beweggründe für das Social-Media-Engagement Ihres Unternehmens?*
   - Auf- und Ausbau der Online-Identität,
   - Reputation Management und
   - Employer Branding

2. *Welche Social-Media-Anwendungen sind Ihrer Erfahrung nach im B2B besonders erfolgreich und warum?*
   - Facebook: Größter Plattform weltweit;
   - LinkedIn: Gutes Netzwerk, dass sehr gut für Recruiting-Zwecke verwendet werden kann;
   - Google+: Science Community kann hier gezielt angesprochen werden;
   - Youtube: Showcase für Innovationen.

3. *Welche Herausforderungen hinsichtlich Social Media erleben Sie in Ihrem geschäftlichen Alltag mit Ihren Kunden?*
   In erster Linie rechtliche Herausforderungen, da wir als forschendes Pharmaunternehmen sehr strengen Richtlinien unterliegen.

4. *Was sind Ihrer Meinung nach die drei wichtigsten Punkte, die B2B-Unternehmen heute bei Social Media beachten müssen?*
   - Monitoring/Issues Management,
   - Guidelines für Mitarbeiter,
   - die richtige Strategie für den entsprechenden Kanal.

5. *Wie sieht es Ihrer Erfahrung nach mit der Social-Media-Nutzung in Ihrer Branche allgemein aus?*
   Die Branche ist sehr vorsichtig, da Pharmathemen nicht unbedingt offen kommuniziert werden dürfen.

6. *Welche Vorteile sehen Sie für B2B-Unternehmen gegenüber B2C beim Social-Media-Einsatz?*
   Social Media wird für B2B-Unternehmen weniger für direkte Marketingaktionen eingesetzt, sondern vielmehr als Dialogangebot. B2B-Unternehmen können so von ihren Kunden lernen und dies gezielt in Geschäftsprozesse umwandeln.

7. *Was würden Sie anderen B2B-Unternehmen empfehlen, wenn es um die Entscheidung geht „Social Media – ja oder nein?"?*

   Grundsätzlich ja, aber es gibt keinen Automatismus. Unternehmen müssen die Ressourcen und die richtige Strategie haben, um erfolgreich in Social Media bestehen zu können.

Michael Göntgens | Head of PR & Internal Communications bei der Lufthansa Cargo AG

1. *Was sind die wichtigsten Beweggründe für das Social-Media-Engagement Ihres Unternehmens?*
Außendarstellung des Unternehmens gegenüber verschiedensten Zielgruppen (Kunden, Öffentlichkeit, aktive und potentielle Mitarbeiter etc.). Anfassbare Darstellung der Luftfracht im Allgemeinen und Lufthansa Cargo im Besonderen.

Zudem Positionierung als innovatives Unternehmen auch über die Wahl der Kommunikationskanäle.

2. *Welche Social-Media-Anwendungen sind Ihrer Erfahrung nach im B2B besonders erfolgreich und warum?*
Abhängig von der Zielsetzung: Für Lufthansa Cargo und die unter 1 erwähnten Ziele sind Facebook und YouTube ideal, da allg. Imageaufbau möglich. Fällt ein Unternehmen die Entscheidung, auch direkten Kundenservice über Social Media anzubieten, ist sicherlich auch Twitter sehr relevant. Erfolgskritisch sind (v. a. bei B2B) aber immer die Ressourcen (v. a. personell), die zur Verfügung stehen.

3. *Welche Herausforderungen hinsichtlich Social Media erleben Sie in Ihrem geschäftlichen Alltag mit Ihren Kunden?*
Wie erwähnt erfordern Social-Media-Kanäle einen recht hohen personellen Ressourceneinsatz (auch über das Wochenende und ggf. nachts). Dieses sicher zu stellen, ist erfolgskritisch. Im direkten Kundenkontakt gab es bislang kaum schwierige Situationen. Wir haben auf unserer Facebook-Seite sehr klar und transparent deutlich gemacht, dass wir auf der Plattform keinen klassischen Kundenservice bieten (können) und verweisen auf die bestehenden Kanäle. Dies wird von unseren Kunden auch akzeptiert.

4. *Was sind Ihrer Meinung nach die drei wichtigsten Punkte, die B2B-Unternehmen heute bei Social Media beachten müssen?*
1. Realistische Ressourcenplanung
2. Keine Marketingsprache sondern hochwertiger redaktioneller Content, der echten Dialog fördert
3. Transparenz und Geschwindigkeit

5. *Wie sieht es Ihrer Erfahrung nach mit der Social-Media-Nutzung in Ihrer Branche allgemein aus?*
Allg. liegt B2B noch sehr deutlich hinter B2C zurück – die Luftfracht ist hier leider keine Ausnahme. Dies bietet uns aber die Möglichkeit, eine Vorreiterrolle einzunehmen. Die Resonanz ist durchgehend positiv auch wenn es noch ein weiter

Weg ist, direkt abzuleiten, welchen Mehrwert gemessen in Euro ein Unternehmen im täglichen Geschäft aus Social Media ziehen kann.

6. *Welche Vorteile sehen Sie für B2B-Unternehmen gegenüber B2C beim Social-Media-Einsatz?*
Grundsätzlich ist B2C sicherlich im Vorteil, wenn es um die Etablierung von Social-Media-Auftritten geht. Bei B2B fehlt das direkte „Produkterleben". Von Vorteil ist für uns sicher, dass aufgrund der höheren Hürde die Interaktion mit den tatsächlichen Fans/Followern etc. recht hoch ist (bei Lufthansa Cargo etwa doppelt so hoch wie bei Lufthansa Passage). Für uns bedeutet das: Etwas weniger Fans, dafür aber echte, mit denen wir im Dialog sind.

Ein wichtiger Aspekt ist für uns natürlich auch die Dachmarke Lufthansa, ohne die die Zahl unserer Fans sicherlich wesentlich geringer wäre.

7. *Was würden Sie anderen B2B-Unternehmen empfehlen, wenn es um die Ent-scheidung geht „Social Media – ja oder nein?"?*
Ja, wenn die Ressourcenfrage geklärt ist und eine klare inhaltliche Strategie vorhanden ist. Auch muss es eine Bereitschaft zum Dialog geben und die Geschäftsleitung muss eine solche Form der Kommunikation unterstützen.

Ergänzende Fragen zum Mitarbeiter-Blog der Lufthansa Cargo AG:

8. *Was waren die Gründe für die Einführung des Mitarbeiter-Blogs?*
Stärkere Interaktion und Dialog sollten durch den Blog gefördert werden. Es ging auch darum, Themen und Meinungen Raum zu geben, die in anderen Nachrich-ten-Kanälen u.U. nicht berücksichtigt werden können.

9. *Welche Veränderungen (positiv/negativ) konnten Sie dadurch für die interne Kommunikation und bezüglich des Austauschs der Kollegen und Kolleginnen un-tereinander beobachten?*
Ausschließlich positive Erfahrungen, der Dialog und der Austausch bieten einen echten Mehrwert. Allerdings muss ein derart demokratisches und neues Kommuni-kationstool immer „angeschoben" werden, da zunächst eine gewisse Zurückhaltung herrscht.

3493954R00080

Printed in Germany
by Amazon Distribution
GmbH, Leipzig